NONGYE KEJI YUANQU GUIHUA
LILUN YU SHILI

农业科技园区规划
理论与实例

淮贺举　张　骞　主编

中国农业出版社
北京

编委会

主　　编：淮贺举　张　骞

副 主 编：孙　宁　王艾萌　李存军

参编人员：陈　静　程　成　丁献忠　段丹丹

　　　　　胡海棠　李　斌　李学文　刘永春

　　　　　卢　闯　芦培胜　陶　欢　王　皓

　　　　　徐　霜　张文国　周洪良　周　建

　　　　　周静平

前　言

　　自20世纪90年代开始，农业科技园区开始在我国兴起，山东济南、北京顺义、上海孙桥、陕西杨凌、湖南长沙等地的农业科技园区建设卓有成效。2000年，中央农村工作会议肯定了农业科技园区的实践和成效，国务院办公厅发布《国务院办公厅关于落实中共中央、国务院做好2000年农业和农村工作意见有关政策问题的通知》，提出要抓紧建设国家农业科技园区，并明确由科学技术部牵头，会同有关部门制定园区的建设规划和政策措施。自此之后，科学技术部联合相关部门，先后批准了8批国家农业科技园区建设，同时各省市也开始了省级农业科技园区的建设，我国农业科技园区的建设进入了发展高潮期。

　　北京农业信息技术研究中心农业园区规划团队长期从事农业科技园区规划的编制工作，主持编制农业科技园区规划30余项，获得相关软件著作权3项、北京市新技术新产品（服务）1项。在多年农业科技园区规划的实践中，归纳、总结、提炼出了一套规划理论，形成了自己独特的规划方法、基本程序、规划重点。农业科技园区建设是党中央、国务院提出的一项重要任务，是新时期我国解决"三农"问题、实现乡村振兴的重要举措，是推动创新驱动发展战略、增强农业创新创业能力的迫切需要，是推动农业供给侧结构性改革、增加农民收入的重要途径，也是增强农业国际竞争力的客观要求。为了更好地适应形势需要，编者在总结实际工作经验的基础上撰写了这本书。本书系统论述了农业科技园区的发展背景、现状与趋势，理论体系与规划方法，规划编制的工作程序与内容，现代科学技术的应用等内容，并介绍了四个农业科技园区总体规划案例。希望此书能对我国农业科技园区的研究与建设实践起到借鉴作用，为更好推进我国农业科技园区建设提供帮助。

　　在本书的编写过程中，得到了赵春江院士、杨信廷研究员、秦向阳研究员、王爱玲研究员、陈天恩研究员等专家的大力支持与帮助，以及规划委托单位新疆维吾尔自治区乌鲁木齐市米东区、北京市房山区、江苏省常州市钟楼区、山东省济南市商河县各级领导的支持，在此表示诚挚的感谢。

由于作者水平有限，加之撰写时间比较仓促，本书必定还有不少的错误和纰漏，一些观点可能会存在片面、不足之处，恳请读者批评、指正！

编　者

2020年2月

目 录

前言

第一部分　农业科技园区规划理论

第一章　农业科技园区概述 ………………………………………………… 3

第一节　农业科技园区发展背景与现状 …………………………… 3
第二节　发达国家农业园区发展现状与经验借鉴 ……………… 10
第三节　我国农业科技园区发展趋势 …………………………… 17
参考文献 ……………………………………………………………… 20

第二章　农业科技园区规划理论与方法 …………………………… 22

第一节　农业科技园区规划理论体系 …………………………… 22
第二节　农业科技园区规划方法 ………………………………… 24
参考文献 ……………………………………………………………… 27

第三章　农业科技园区总体规划编制 ……………………………… 28

第一节　农业科技园区规划的工作程序 ………………………… 28
第二节　农业科技园区规划内容 ………………………………… 30
参考文献 ……………………………………………………………… 45

第四章　现代科学技术在我国农业中的应用 …………………… 46

第一节　现代信息技术 …………………………………………… 46
第二节　现代生物技术 …………………………………………… 49
第三节　现代制造技术 …………………………………………… 53
第四节　新材料技术 ……………………………………………… 55

第五节　新能源技术 ……………………………………………………… 58

参考文献 ……………………………………………………………………… 60

第二部分　案　例

案例一　乌鲁木齐国家农业科技园区米东马场湖核心区
　　　　总体规划（2016—2018） ……………………………………… 67

　　第一节　基础现状分析 …………………………………………………… 67

　　第二节　目标定位 ………………………………………………………… 71

　　第三节　功能布局与建设内容 …………………………………………… 72

　　第四节　工程项目 ………………………………………………………… 74

案例二　北京房山国家农业科技园区总体规划（2016—2018） ……… 77

　　第一节　园区概况 ………………………………………………………… 77

　　第二节　园区建设的原则、思路与目标 ………………………………… 79

　　第三节　园区的布局与功能规划 ………………………………………… 80

　　第四节　园区建设的主要任务 …………………………………………… 82

案例三　钟楼现代农业科技园区总体规划（2018—2020） …………… 85

　　第一节　园区概况 ………………………………………………………… 85

　　第二节　定位、思路与目标 ……………………………………………… 91

　　第三节　总体布局与功能规划 …………………………………………… 94

　　第四节　园区主要建设任务 ……………………………………………… 95

案例四　山东济南国家农业科技园区总体规划（2016—2018） ……… 101

　　第一节　园区概况 ………………………………………………………… 101

　　第二节　园区建设的总体思路与总体目标 ……………………………… 106

　　第三节　园区的布局与功能规划 ………………………………………… 108

　　第四节　园区建设任务 …………………………………………………… 110

PART ONE

第一部分
农业科技园区规划理论

第一章

农业科技园区概述

第一节　农业科技园区发展背景与现状

农业科技园区的兴起和快速发展是历史的必然。现代高新技术迅猛发展并加速向农业领域渗透，同时受国内外各种农业科技园区及高新技术开发区成功发展模式的启发，迫切需要对生产要素进行重新组织，建立技术密集、资金密集和人才密集有机结合的载体。农业科技园区率先构建现代农业产业体系、生产体系和经营体系，可对农业和农村现代化发展起到示范带动作用，推动传统农业向现代农业发展。因此，农业科技园区建设是现阶段及未来我国现代农业发展的现实需要和农业科技发展进程中的客观要求。

一、农业科技园区的发展背景与起源

（一）农业科技园区发展背景

1. 国外农业科技园区发展背景　1947年，时任美国斯坦福大学校长的弗雷德里克·弗曼(Frederick Ferman)提出了建立斯坦福大学研究园(Stanford Research Park)的设想，并于1951年在校内兴建现代化的实验室和厂房，建成斯坦福大学研究园。斯坦福大学研究园依靠雄厚的知识、技术、人才资源，吸引了大量企业、机构入园，孵化出了一大批在全球具有深远影响的企业和产业，创造了数以万计的就业机会，促进了生产力的发展，获得了巨大的成功。自此，农业科技园区的概念和实践开始进入人们的视野，逐渐成为促进高新技术成果转化和科技企业培育，推动科学技术与经济社会协调发展的综合性平台。

20世纪70年代以来，以色列、日本、荷兰和美国等发达国家纷纷针对各自国情建立各种形式的集现代农业技术示范、推广、旅游和教育等功能于一体的农业科技园区。以色列针对干旱和沙漠化的生产条件，在科研单位和生产基地相结合的基础上，建立了多个以沙漠农业和节水农业为主题的试验示范农

场，政府设立专门的基金支持示范农场的运营，取得了举世瞩目的成就。日本建立了无土栽培示范农场、全天候环境控制作物生产的"植物工厂"等多个试验示范农场，树立了进行农业高新技术示范和推广的良好典范。荷兰建立了各种类型的玻璃温室和配套设施，展示各种蔬菜、花卉的栽培和配套技术体系，供国内外温室园艺用户参观学习。美国康乃尔大学建立的农业与食品科技园，是由联邦、州、县、市各级政府支持，康乃尔大学农业与生命科学学院、纽约农业试验站主办的农业科技园区。它一方面作为康乃尔大学农业高新技术的展示基地；另一方面为从事食品、农业或生物技术的企业提供产业孵化的平台，集中进行农业高新技术的产业开发（申秀清等，2012）。

国外农业科技园区的基本功能是向农业生产者展示新技术、新品种及新的生产方式，推动研究成果应用于实践；向学生等社会大众展示以高新技术应用为特征的现代农业生产方式，提供有关农业、自然、环境保护方面的科普教育，提供休闲、观光场所；通过技术研发、科企联合、技术转移，推动研究成果商业化转化和企业孵化。

2. 我国农业科技园区产生背景　改革开放以来，由于体制和政策的改革，我国农业和科技均取得了长足的发展，进入了一个新的历史阶段。家庭联产承包责任制的确立有效推动了农业的发展。现代农业科技发展日新月异，生物技术、机械制造技术、设施农业技术、信息技术不断取得突破，新品种、新技术、新设施逐渐应用到农业中来，使农业效益大幅提高。

在取得历史性成就的同时，人民群众对农产品的需求也在逐渐发展变化。新阶段农业的主要矛盾由数量不足转变为结构性矛盾，解决"结构、品种、质量、效益、生态矛盾"，提高农业整体效益，已成为迫切任务。同时农业科技研发、示范、推广体制和机制也逐渐不能适应农业、农村经济发展的需要，需要农业科技园区发挥更多、更新的功能和作用。

（二）我国农业科技园区的起源与发展

1992年，我国提出建立社会主义市场经济体制，经济体制改革的不断深入为农业科技园区的建设提供了良好的环境条件。1993年，《中华人民共和国农业法》和《中华人民共和国农业技术推广法》获准实施。其中，《中华人民共和国农业技术推广法》第二条明确指出，农业技术推广包含的主要内容是"示范"，为农业科技园区建设奠定了法律基础。自1994年以来，农业科技园区作为连接科技、农民、市场的重要桥梁，现代集约型农业和高新技术应用示范的窗口应运而生，在全国各地呈现雨后春笋般的发展态势。1994年山东省济南农业高新技术开发区获批创建，1995年北京市人民政府决定成立顺义三高科技农业实验示范区，1996年上海市人民政府决定成立孙桥现代农业示范区，拉开了全国各地探索农业科技园区发展的序幕。这个阶段的农业科技园区主要是由地方政府和企业自发建设起来的，各地农业科技园区建设的类型、主体、模式、内容、机制不尽相同。1997年，国家和地方政府开始规范管理，并给予资金扶持。通过重大立项，国务院与地方政府共同投资创办了杨凌农业高新技术开发区，被视为我国第一家国家农业科技园区；同时经国家科委（现在改名"国家科学技术部"）批准，在湖南长沙马坡岭建立了国家农业高新科技园——马坡岭农业高科技园（现在的"隆平农业高科技园"的前身），还正式立项启动了北京、上海、沈阳、杭州和广州5个城市的国家工厂农业示范区。

2000年，中央农村工作会议肯定了农业科技园区的实践和成效，国务院办公厅在发布的《国务院办公厅关于落实中共中央、国务院做好2000年农业和农村工作意见有关政策问题的通知》中提出要抓紧建设国家农业科技园区，并明确由国家科学技术部牵头，会同有关部门制定农业科技园区的建设规划和政策措施。紧接着又在2001年，国务院印发《农业科技发展纲要（2001—2010年）》，在其中明确指出："建成一批具有国际先进水平的农业科技基地，造就一支高素质的农业科技队伍。建成一批农业重点实验室、工程中心、科技示范园区等科技基地，不断增强农业科技创新能力"。自此之后，国家科学技术部联合相关部门，先后批准了8批国家农业科技园区建设，涉及30余个省（直辖市、自治区、计划单列市），对不同类型农区进行科技示范带动，推进农业由主要注重数量向更加注重质量效益转变。

二、农业科技园区的概念与类型

（一）农业科技园区的概念

关于农业科技园区的名称和内涵，理论界和学术界还没有一个明确、统一的标准。各地在发展和建设过程中，由于批复的层次多、建设的形式多，逐渐形成了农业科技园区、农业科技示范园、农业示范展示园、农业高新技术开发区、农业高科技园区等诸多名称，但大部分是通过聚集科技、资金、政策、人力、资本等现代生产要素，开展农业科技研发、技术集成应用、示范展示推广等，辐射带动周边区域现代农业发展。具有代表性的定义有如下几种：

1.农业科技园区实质上是一个以现代科技为依托，立足于本地资源开发和主导产业发展的需求，按照现代农业产业化生产和经营体系配置要素和科学管理，在特定地域范围内建立起的科技先导型现代农业示范基地（陈阜等，2002）。

2.所谓农业科技园区，就是在农业科技力量较雄厚、具有一定产业优势、经济相对较发达的城郊和农村，划出一定区域，由政府、集体经济组织、民营企业、农户、外商投资兴建，以农业科研、教育和技术推广单位作为技术依托，集农业、林业、水利、农机、工程设施等方面的高新技术于一体，引进国内外优品种和先进、适用的高新技术，以调整农业生产结构、增加农民收入、展示现代农业科技为主要目标，对农业新产品和新技术集中投入、集中开发，形成农业高新技术的开发基地、中试基地、生产基地，以此推动农业现代化的一种开发方式（蒋和平，2002）。

3.农业科技园区是指在一个特定的区域，通过建设良好的软、硬件环境，使政府管理部门、农业科研机构、企业和农户联系在一起，形成一种新型的农业科技和经济组织，使新技术、新成果沿着"试验—示范—产业化生产—商品—市场"的轨道良性发展，从而达到推动农业科技进步、提高农民组织化程度与收入水平、促进农村经济发展的目的（王朝全等，2002）。

4.农业科技园区是指在具有一定经济实力的特定区域内，立足当地多种资源现状，由政府及多元投资主体参与，以目标市场需求为导向，采用高于当地农业发展水平的科学技术和先进设施，集现代农业工程设施体系、农业高新技术体系和经营管理体系于一体，从而实现园区及周边地区经济、社会、生态"三效"和谐发展的重要基地（张天柱，2016）。

通过梳理现有的定义，结合笔者对农业科技园区的认识和理解，本书将农业科技园区定义为：在一定区域范围内，依托各类农业生产经营主体，以市场为导向、以科技为支撑、以机制创新为新动能，集聚技术、人才、资金、信息等现代生产要素，开展新品种、新技术、新装备、新模式试验示范，具备农村创新创业、成果示范推广以及农民培训等功能的科技型农业园区。

（二）农业科技园区的类型

根据分类方法不同，农业科技园区可划分为多种类型。同时，同一种类型的农业科技园区的名称也不尽相同，目前还没有统一的规范和标准。各种类型的农业科技园区是互相渗透、交叉的，有些难以独立划分。根据相关资料分析，大致有以下几种分类方法：

按立项来源划分：国家级科技园区、国家级农业高新技术开发区、工厂化高效农业示范区、持续高效农业示范区、现代农业科技示范区、国家级农业综合开发高新科技示范区、省市级农业科技园区。

按经营方式划分：政府主办型、院地联营型、民间兴办型、官办民助型。

按示范内容划分：设施园艺型、节水农业型、生态农业型、农业综合开发型、"三高"农业型、外向创汇型。

按园区功能划分：科技示范型园区、休闲观光型园区、示范与休闲观光兼有型园区。

三、我国农业科技园区发展现状与存在的问题

（一）发展现状

截至2018年年底，国务院批准国家级农业高新技术产业示范区2个：陕西杨凌农业高新技术产业示范区和黄河三角洲农业高新技术产业示范区。国家科学技术部联合中国科学院、中国农业银行等相关部门批准8批共278个国家农业科技园区。各级地方政府也大力推进农业科技园区的建设，取得了显著成效。下面以国家农业科技园区为例进行简要介绍。

国家农业科技园区发展经历了试点建设（2001—2005年）、全面推进（2006—2011年）、创新发展（2012年至今）三个阶段[①]。截至2018年年底，已批准建设了278个国家农业科技园区，基本覆盖了全国所有省、自治区、直辖市、计划单列市及新疆生产建设兵团，初步形成了特色鲜明、模式典型、科技示范效果显著的园区发展格局。按照建设和运营主体的差异，园区形成了政府主导型（占87.0%）、企业主导型（占9.7%）、科研单位主导型（占3.3%）三种模式。近年来，园区基于自身发展模式和区域特色等，为适应创新驱动发展的需要，在功能定位、规划布局上出现了一系列新变化：政府主导型园区向农业高新技术产业培育和产城产镇产村融合的"杨凌模式"发展；其他两类园区分别向科技服务和成果应用方向发展。

国家农业科技园区自开始建设以来，得到了各有关部门、各级政府的大力支持，中央1号文件先后7次对园区工作做出部署，为园区有序、健康发展提供了坚实保障。国家农业科技园区功能综合起来有如下四点。

1. 保障国家粮食安全的重要基地 截至2017年年底，在东北平原、华北平原、长江中下游平原的13个粮食主产省份，我国政府先后部署了117个园区。通过实施国家种业科技创新、粮食丰产科技工程、渤海粮仓科技示范工程等重大科技项目，园区已成为优良农作物新品种、粮食丰产技术集成创新的示范基地，为我国实现粮食产量十二连增做出了重要贡献。截至2015年年底，园区累计增产粮食5 600多万吨，增加效益1 000多亿元，有力地带动了园区周边地区粮食增产增效，推动实现"藏粮于地、藏粮于技"。

2. 加快农业科技创新创业和成果转移转化的重要平台 园区注重政产学研合作交流平台和技术研发平台建设，吸引大学、科研院所和企业入驻，联合开展农业技术研发。深入推行农业科技特派员制度，积极引导科技人员创新创业，鼓励农业科技特派员创办农业科技型企业，建设星创天地，健全新型社会化农业科技服务体系，发展星火基地、农科驿站、专家大院、科技服务超市及

---

① 选自《国家农业科技园区发展规划（2018—2025）》。

农技信息化服务，加速农业科技成果的转移、转化。截至2017年年底，已建成的园区核心区面积为579万亩①，示范区面积为2.0亿亩。园区引进和培育的农业企业总数达8 700多家，其中高新技术企业1 555家。累计引进和培育新品种4.09万个，推广新品种1.46万个，引进并推广各类农业新技术2.2万项，审定省级及以上植物和畜禽水产新品种642项，取得专利授权超过4 000项。

3.推动农业产业升级和结构调整的重要支撑　园区坚持以创新为动力，加速现代产业组织方式进入农业领域，产业发展形态由"生产导向"向"消费导向"转变，发展模式由"拼资源、拼环境"的粗放式发展向"稳数量、提质量"的集约式发展转变，有力地推动了产业升级和结构调整。园区内粮食、蔬菜、花卉、林果、农产品加工等传统产业不断发展壮大，农产品物流、科技金融、电子商务等现代服务业加速成长，推动了农村一二三产业融合发展。园区以展示现代农业技术、培训农民为主攻方向，加强农业先进技术组装集成，促进传统农业改造与升级。2015年，园区实现总产值12 000亿元，培训农民374万人，带动当地农民170万人就业；全员劳动生产率14.25万元/人，比全国（8.90万元/人）高60.1%。各项创新指标明显优于全国平均水平。

4.探索农业科技体制机制改革创新的重要载体　按照加快转变政府职能与更好发挥市场作用相结合的要求，加强园区之间政策联动、投资结盟、信息共享、产业互动，可进一步激发园区活力，形成园区自我发展的长效机制，推动园区产城产镇产村融合发展，推进政府、市场、社会的协同创新，提升公共服务水平，推动金融资源更多地向农村倾斜，为建设美丽宜居乡村，加快推进城乡二元结构破解做出新贡献。

（二）存在的问题

1.园区科技水平较低，市场竞争力弱　对农业发展的科研投入低、园区建设能力不足导致园区科技水平整体较低；农业现代化、科技化的进程和发达国家相比落后，2016年我国农作物耕种收综合机械化率为65%，比法国落后六十多年；市场竞争力整体较弱，园区对新技术利用不充分，对新技术的开发仍处于初期探索阶段；我国的农业科技园区对物联网、通信技术等信息技术的应用不充分，科技水平较低。

2.园区分布不均匀，产业覆盖范围较窄　我国多数农业科技园区以蔬菜种植和示范为主导产业，水果紧随其后，畜牧业占比较小。国家级农业科技园区中，仅有内蒙古和林格尔国家农业科技园区以畜牧养殖业为主导产业。

3.园区生态环境问题较多，制约绿色农业发展　当前我国农业科技园区生态环境建设仍然严重滞后，大量农药的使用在很多农业科技园区仍难以避免

---

① 亩为非法定计量单位，1亩≈667米²。余同。——编者注

甚至有的用量远远高于发达国家，造成了生态环境的破坏，不利于我国无公害、绿色农业的发展，影响农业科技园区的可持续发展。

4.建设资金不足，运营资金管理存在缺陷 农业建设资金投入不足，导致我国农业科技园区无法充分发挥示范带动作用，园区的整体效益较低；还会导致园区建设因缺乏流动资金而发展滞后。我国农业科技园区运营资金管理存在缺陷，资金使用较为分散，未形成有序、规范的资金管理模式。

四、发展农业科技园区的意义

（一）推动乡村振兴战略的需要

乡村振兴战略是党中央对"三农"工作做出的重大决策部署，是决胜全面建成小康社会、全面建设社会主义现代化强国的重大历史任务，是新时代做好"三农"工作的总抓手。全面建成小康社会和全面建设社会主义现代化强国，最艰巨、最繁重的任务在农村，最广泛、最深厚的基础在农村，最大的潜力和后劲也在农村。建设农业科技园区能够为农业产业兴旺培育新动能，推动农业依靠科技创新转变发展方式、转换增长动力，提高农业创新力、竞争力和全要素生产率；能够为农村生态宜居提供新方案，通过科学的指引、技术的支撑和创新的推动，加强农村自然资源保护、应对农村突出的环境问题、合理开发农业生态资源；能够引领农民通过不断提高科学文化素质，用科学武装头脑，用文化滋润心田，形成卫生、文明、科学的生活风尚；能够为农村治理有效构建新模式，通过充分利用大数据、人工智能等技术打造乡村治理和服务系统，为平安乡村、村民自治、乡村法治德治等方面提供重要技术保障；能够为农民拓展增收新空间，通过充分利用科学技术降低劳动力、资源投入等成本，提高农产品产量和品质，让农民获得更多利益，进而为全面建设小康社会提供支撑。

（二）实施创新驱动发展战略的需要

实施创新驱动发展战略，建设世界科技强国，是以习近平同志为核心的党中央在新的历史方位立足全局、面向未来做出的重大战略决策。习近平总书记指出，实施创新驱动发展战略，必须紧紧抓住科技创新这个"牛鼻子"，切实营造实施创新驱动发展战略的体制机制和良好环境，加快形成我国发展新动源。当前，我国现代农业科技支撑体系尚不完善，农民持续增收难度进一步加大，绿色可持续发展水平需要进一步提升，破解这些难题需要聚集科教、人才资源，建设高水平的科技创新和创业孵化平台，推动新技术、新成果加速转化，推动现代农业高效、绿色发展，助力农民再增收。农业科技园区要准确把握未来发展的阶段性特征和新的任务要求，以创新驱动发展战略为动源，打造科技先发优势，推动更多农业科技成果直接转化为新技术、新产品，形成新产业、新业态，培育新动能、新活力。

（三）推进供给侧结构性改革的需要

随着我国经济进入新常态、改革进入深水区、经济社会发展进入新阶段，农业发展的内外环境正在发生深刻变化，农业绿色发展面临重大挑战。一是农业资源偏紧和生态环境恶化的制约作用日益突出；二是农业生产结构失衡的问题日益突出；三是农业比较效益低与国内外农产品价格倒挂的矛盾日益突出；四是农村劳动力结构变化的挑战日益突出（韩长赋，2015），推进农业供给侧结构性改革任重道远。农业科技园区作为农业科技创新、技术应用和产业发展的示范样板，要加快推进农业供给侧结构性改革，把提高农产品的供给质量和效率作为主攻方向，推进农业、农村现代化；要建立创新驱动现代农业发展的新模式，融合聚集科教、资本等资源，探索多种模式和途径，孵化、培育农业高新技术企业，提升农业产业整体竞争力，充分发挥科技在农业现代化建设进程中的支撑引领作用。

（四）打赢脱贫攻坚战的需要

全面建成小康社会，是中国共产党向人民和历史做出的庄严承诺，也是全中国人民的共同期盼。消除贫困、改善民生、实现共同富裕，是社会主义的本质要求。脱贫攻坚战的冲锋号已经吹响。农业科技园区要加强科技供给，发挥示范带动作用，服务于脱贫攻坚的主战场。要充分发挥农业科技园区产业集聚、平台载体、政策环境以及基础设施等方面的优势，加快先进适用科技成果的转化应用，培育创新创业主体，加强农民技能培训，推进创业式扶贫，以创业带动产业发展，以产业发展带动精准脱贫，增强贫困地区可持续发展的内生动力。

第二节　发达国家农业园区发展现状与经验借鉴

美国、德国、荷兰、日本及澳大利亚等发达国家农业园区伴随着农业现代化发展起来，具有起步早、发展快、较完善等特点。这些国家现如今已建成大量高水平的农业园区。根据国情不同，园区称谓和发展模式也不同，但科技支撑是其发展的重要基础，功能基本涵盖科技示范、技术推广、生态旅游、休闲教育等，实现了农业科技创新、农业经济增长和园区发展的良性互动，对于解决我国农业科技园区发展中出现的各种问题具有十分重要的指导意义。

一、发达国家农业园区发展现状

（一）美国

美国是当今世界上第一农业大国，也是农业现代化程度最高的国家。农业园区的建设和发展是其农业现代化的重要标志。众所周知，美国农业园区是以其最重要的农业生产方式——家庭农场制为依托，通过科技支撑、规模经营的生产方式形成一套集生产、管理、创新、教育、示范等于一体的发展模式。

科技支撑与创新是美国农业园区快速发展的一大特点。美国政府一直重视对农业生产的投资，每年都投入大量资金用于农业科技创新和新品种的研发与应用推广。早在1996年，美国农业部便成立了集农业研究、技术研发与教育示范于一体的美国农业战略发展署，配合相关农业宏观政策的引导，有效提升了农业综合生产效率。在2014年的农业法案中，美国再次确认了农业技术创新和现代农业园区发展相结合的制度体系，并通过了高达20亿美元的预算用于农业园区的技术创新（杜艳艳，2014）。同时，美国还通过建立国家级农业和农村科技信息中心群，有效积累农村科技信息资源，在此基础上生成更加规模化、专业化的涉农信息数据中心，对包括美国休闲农业在内的农业发展起到了很大的推动作用。通过政府的一系列扶持措施，美国农业园区科技性和辐射能力得到大幅度提升，加速了园区的建设与发展。此外，园区非常重视农业教育功能的发挥，借此方式来培养农业科技型人才，使农业科技与创新得以发展和延续。例如美国的各州立大学农学院都会设立州立农业试验站，并通过科研、教育、推广的发展模式，重点培训农业实用型人员，让学员在农业技术的实际操作过程中，逐渐提高其实践能力；还有著名的康奈尔农业与食品科技园和纽约农业试验站，在展示农业新技术和新品种的同时，也为以后园区的进一步发展培养了大量可用之才。先进的农业科学技术不仅极大地提高了美国农业生产效率，增加了农产品附加值，还有效地拉动了美国农业经济增长，加速了美国农业园区的发展进程。

随着美国农业科技的不断发展与进步，先进生产技术和大型农机设备陆续应用于农业生产中，继而形成高效的规模化生产方式，以至于只需要两个人便可以管理经营面积为180公顷的农业园区（李春杰等，2017）。规模化生产对农业园区的发展十分重要，可有效节省农业资源、提高生产效率，促进产业融合，形成一个集生产、加工、推广、金融服务于一体的农业产业体系，建立农、工、商一条龙产业链，实现农业生产规模化、产业化、社会化和国际化的综合农业形态。例如在北卡罗来纳州、田纳西州、加利福尼亚州、佛罗里达州等地，规模化农业园区通过草莓节等形式多样的活动，与旅游企业、零售企业和娱乐企业紧密合作，有效地带动了当地农业经济发展，促进了农民就业，加强了文化交流。

（二）德国

德国现代农业在全球独树一帜：农业园区建设主要围绕生态农业展开，即在生态农业基础上发展产业型园区，强调生产、生态、生活均衡协调，以德国市民农园为代表。市民农园是由当地政府将公用土地或向农民租用的土地出租给没有农用地的市民，用于种植花草、果树、蔬菜等，体验农田生活和耕作乐趣。早在1919年，德国就颁布了《市民农园法》，是世界上首个推行和发展市民农园的国家。其目的是推广健康生活理念，让都市居民在体验农家生活、享受田园之乐的同时，实现蔬菜、水果的自给自足。1983年以后，德国市民农园更加突出为市民提供农业生产和娱乐的功能，成功地将生产型农园转型为耕作体验和休闲度假型农园（俞美莲、张莉侠，2015）。时至今日，德国有多达10万个市民农园，超过400万人参与到市民农园的建设、运营和管理之中。市民园区现已形成五大功能：生产绿色作物、体验农耕乐趣、开展社交活动、保护生态环境和提供老年人休闲场地。德国市民农园与城市化、工业化共同发展，相辅相成，形成一种新型的生态型农业园，既发展了农业休闲旅游业，又做好了城市规划管理。

生态型市民农园的健康发展为德国现代农业园区的建设奠定了良好的基础，加速推进了园区的产业化进程，实现了园区经济效益、社会效益和生态效益三赢的格局。目前市民农园基本上实现了牛奶、粮食、蔬菜、水果等主要农产品的产业化发展，并通过农产品深加工加快了园区规模化、自动化和标准化进程，形成了一条特色生态型农业发展链。该发展链有助于构筑园区完善的农产品产销体系，形成由种植、加工、贸易、示范、体验、休闲等环节组成的产业链条，是德国现代农业园区平稳发展的基本动力，再辅以现代农业科技创新和新品种培育等活力之源，促进了德国现代农业园区健康与长远的发展。例如在德国勃兰登堡的喀什特现代农业园区，4名农技人员通过自动化机械管理运行着占地超过3 000公顷的农业园区，控制农药、化肥的使用量，积极推广有机肥，并将牛粪等农业废弃物应用于发电、肥料生产等，供相关企业或个人使用，从而实现园区的资源循环利用和生态化建设。

（三）荷兰

荷兰的农业园区高度设施化，90%以上采用了无土栽培技术。首先，农业园区的无土栽培技术普遍选用岩棉作为栽培基质，不仅能够减少水分、养分的流失与渗漏，还有利于园区管理人员根据不同作物或不同生理期及时调整养分配比，最大限度地提高资源利用率，降低农业生产成本。其次，园区采用封闭式循环灌溉方式，既能有效避免养分水溶液外流导致环境污染，保证岩棉基质的水分、养分稳定性，又可以通过回收再处理系统对未被利用的营养液进行二次加工，使之重新投入灌溉系统以提高营养液循环利用率，还能根据作物生长特性，及时调整水、养分的配比和含量，最大限度地促进作物的生长发育，提高农作物产量。此外，园区还建立了雨水收集系统，将收集的雨水消毒处理后应用于灌溉系统，提高雨水利用率，有些农业园区甚至还配备雨水注入系统，方便在多雨季节将收集的雨水注入特定土层储存，这样不仅能节约水资源，还可以中和地下水，提高地下水质量，从而形成荷兰现代农业园区的绿色、可持续发展模式。由此可见，荷兰农业发展不只是一味追求产量，而是更强调农业与自然环境的协同发展，重视农业生产的社会责任，为荷兰打造设施化、绿色化的农业发展体系打下了良好的基础。

荷兰花卉有着悠久的历史和文化渊源。荷兰利用现代设施农业的精准培育技术，更是成为全球花卉种植的佼佼者，以"欧洲花园""花卉王国"闻名于世。例如，荷兰已经建立了超过3 500家以郁金香为主题的观光型农业园区，其中著名的哥肯霍夫花卉园，在每年3至5月份郁金香盛开之际能够吸引全球游客超过100万人次，创收超过2 000万欧元，极大地拉动了当地农业经济，提高了农业工作者的收入（张晴等，2008）。

（四）日本

日本人口多，土地资源十分有限，是名副其实"寸土寸金"的国家，只有对土地进行高效利用、深度开发，才能使日本农业长期稳定发展。于是，1981年日本首先提出了"自然修养村"的概念，通过兴建农业园区，为城乡居民提供住宿休憩、休闲旅游、会议商讨和农业观光的场所，并取得了意想不到的效果。

为进一步促进绿色休闲农业的发展，防止弃耕情况出现，日本政府逐步建立法律框架和规章制度，通过税收、补贴、公共产品等手段对休闲农业进行宏观调控和规范管理，先后出台了《市民公园事务促进法》（1990年）、《农山渔村余暇法》（1994年）、《农山渔村宿型休闲活动促进法》（1995年）、《农山渔村活性化定住等及地域间交流促进的相关法律》（2007年）等法律法规，大力支持和引导生态休闲农园的发展，以稳定农业人口、提高农民收入、拉动农业经济增长、保护农业资源与环境。首先，日本农业园区一般建设于城乡接合部，功能上注重城乡互补，有利于将农业生产、加工、消费、休闲综合在一起，形成完善的农业产业和规模体系。其次，日本农业园区运用现代农业科技与先进的农艺技术，完善了农业信息化基础设备，建立起现代化的农业设施和管理运营体系，有效地提高了农业资源利用率和农业生产效率，缓解了土地资源短缺对农业发展造成的限制。再次，日本政府通过农业园区着重打造特色型农业，促进了休闲农业的深入发展。例如，日本享有盛名的宏前苹果园区、札幌观光农场、富田农场等现代化的休闲农业园区，每年都能接待来自全球的游客300万人次，极大地促进了当地农业经济的发展（申秀清、修长柏，2012）。再如东京、大阪等城市周边的现代农业园区，集粮食生产、蔬菜种植、渔业养殖、休闲度假等多种生产方式为一体，取得了良好的效果，并成为日本现代农业产业化发展的重要标志。

日本农业协同组合（简称"日本农协"）是其现代化农业园区取得成功的另一重要因素。1947年，农户根据政府颁布的《农业协同组合法》建立起日本农协。经过之后60多年的发展，如今日本农协的服务涵盖了农民生产资料、技术指导、信息收集与发布、农产品采后处理与销售、农业金融信贷、保险以及生活医疗卫生等，不仅为农业园区的建设与发展提供了充沛的资金、人才，还在农业科技和农产品产销等方面全方位保障园区的健康持续发展。以熊本县阿苏农协为例，到2010年，共有7个工作部门、15个业务课、14个支所和4个农机服务中心，年供应生产资料80亿日元，销售各类农产品96.1亿日元，拥有农业信用存款187.8亿日元，保险余额4 507.8亿日元，极大地促进了当地农业经济发展，提高了农民收入（陈柳钦，2010）。这种以"农户+农协+现代农业园区"为主的运作管理模式，通过高度集中的组织管理方式，大幅度提升了园区运行和生产效率。

二、发达国家农业园区发展经验借鉴

我国有丰富的农业自然资源、广阔的农业生态空间和深厚的农耕文化底蕴，具备发展农业科技园区的良好基础。发达国家农业园区发展比我国早二十多年，已经形成了完善的园区运行管理体系，其发展经验可为我国农业科技园区发展提供指导。借鉴发达国家园区发展经验，并结合我国自身国情，提出以下几点建议：

（一）丰富以政府为主导的多元化投资渠道，完善园区建设与发展的优惠政策

农业科技园区建设离不开政府投资，但不能完全依靠政府投资，应鼓励社会各种资金、资源注入园区，形成以政府投资为主体，企业、科研院所、社会个人共同参与的多元化格局。这样不仅能发挥政府的主导力量和核心辐射作用、保障园区投入资金的稳定性，还能为园区的长远发展注入新的活力。基础公益型园区以政府投资为主，应向国家财政争取更多的建设资金；生产营利型园区以企业投资为主，应致力于打造特色产业、提高产品知名度、增强市场竞争力。但不论什么形式，都要做到产权清晰、产责分明。

国家各级政府应制定相关规章制度，充分发挥政府对科技、人才、资金等各类资源的引导作用，促进各类先进生产要素向园区倾斜，加快园区建设与发展。此外，政府还应完善农业知识产权法、农业高新技术创新奖励办法等各类法规，加速农业科技创新和新品种培育；建立健全农业自然资源环境保护法、农业废弃物利用管理办法、农业资源循环利用办法等各类保障性法规，促进园区绿色循环可持续发展。

（二）因地制宜制定建园目标，明确园区功能定位

各地农业科技园区的建设应充分考虑当地农业自然资源、地理位置、经济发展水平等因素，做到因地制宜，不让科技示范和科技推广与农业生产脱节，并对园区未来的产业与功能定位、经济与社会效益进行科学分析和综合评价，明确建园目标和发展方向，为园区的可持续发展打下坚实基础。在科技示范和推广的同时，积极挖掘园区的多种功能，拓展其休闲娱乐、旅游观光、科普教育等功能，多产业同步发展，提高农产品附加值。

园区应以农业先进科技和新品种开发应用为先导，配合完善的经营模式和服务体系，重点突出园区的科技性、示范性、多功能性和高收益性等特点，促进当地农业产业结构调整和农业、农村经济发展，提高当地农民收入，真正做到以科技带动产业、以产业带动园区、以园区带动农民。

（三）产学研一体化发展，强化科技创新支撑体系

科学技术是第一生产力。农业园区的建立与发展离不开先进的现代农业科学技术。目前，在我国农业科技园区科技创新体制中，政府是引导其创新发展的主要力量，企业是园区科技创新的主体和活力之源，高等院校和科研机构是农业科技创新的发源地，农民是现代农业技术的主要应用者和实践者。然而，在我国农业科技园区的实际运行管理中，却普遍存在园区与科研机构和高等院校缺少联系或联系不紧密的现象，导致现代农业科技无法进行产业化应用，农业生产效率低，先进科学技术和农业新品种等成果转化率较差，园区的示范、带动、辐射能力随之减弱。

为建立完善的科技创新支撑体系，以促进我国农业科技园区的长远发展，政府应积极引导和鼓励园区与高等院校、科研院所等相关机构紧密合作，组建产学研联盟，为农业技术创新、新品种示范和产业化应用提供方便快捷的沟通交流平台；科研机构应积极在园区内建立农业技术示范基地、农业科技孵化中心、农业技术创新中心等多种形式的技术应用与创新平台，提升园区技术转化、技术创新与辐射能力。此外，园区应注重搭建有效平台，为广大农业生产者提供农业技术示范、培训、咨询、教育等服务，不仅能增强农民生产能力和提高生产效率，进一步提升园区示范与辐射能力，还可以为园区的长远与稳定发展储备人才。

（四）加强园区宏观管理，完善公共服务体系

科学先进的管理模式对于农业科技园区的长远发展十分重要，直接影响园区未来的发展方向和空间。我国农业科技园区应以科学管理为基础，加强园区宏观管理，明确园区发展方向，构建科学可行的综合评价体系，对园区的立项审批、管理运行、中期检查、效益估算、后期评审等做出合理评价，形成系统的管理办法和规章制度，使园区朝着科学化、规范化、制度化的方向发展。

园区还应不断提升其管理理念，提高园区管理运行灵活性，以顺应时代的发展，满足新时代农业生产和农业经济的新要求，为我国农业快速发展提供长久动力。

完善的公共服务体系是园区快速发展的关键因素。园区应建立和不断完善公共服务体系，提供全面、多元化服务，促进各参与主体相互配合、协同发展。就我国国情而言，农业科技园区要注重与农村信用合作社、农业技术服务中心等机构加强纽带关系，使其为园区发展提供资金供给与服务支持。此外，园区还应积极建立自己的农技培训中心、交流平台和推广中心，为农户和相关企业供应生产资料，以及提供技术支持和农产品销售流通等服务，促进园区各参与方协同发展，提高园区示范与辐射能力。

（五）龙头企业带动特色产业，强化产业化经营理念

农业科技园区长远发展的关键是培育特色产业，如德国市民农园、日本生态休闲农园的崛起，做到使园区不仅发展成为一种新型的农业园区，拉动农业经济增长，还能在一定程度上满足城市管理规划要求、市民物质精神需求等。我国发展农业科技园区特色产业时应因地制宜，避免园区发展趋同化，应综合考虑当地地理和生态环境、资源禀赋、地区发展定位等因素，重点突出农业区域性、特色性和市场性，并将特色农业与产业化经营有机结合，有效提高农业生产效率。

龙头企业在农业科技园区发展中有着举足轻重的作用。在龙头企业带动下，园区能拥有更雄厚的资金支持和丰富的管理经验等，并通过生产具备当地特色的优质、高附加值农产品，逐步形成特色产业生产链。园区通过龙头企业带动大力发展特色产业，逐步提高其知名度，同时特色产业反哺龙头企业，使其具备更强的市场竞争力，相辅相成，共同发展。

（六）全方位拓展园区经营方式，扩大和丰富盈利模式

发达国家的农业园区发展经历了由传统农业向现代农业转变的过程，生产方式和管理运营模式经历了多次更替，获取收益的方式同样也有了较大的变化（表1-1），可以为我国农业科技园区全方位发展与经营、丰富园区盈利模式和充分发挥示范带动作用提供一定的指导。

表1-1　发达国家农业园区盈利模式

盈利模式	形成方式	举例
高效农业生产盈利模式	通过扩大生产规模、集中生产要素、降低平均成本、提高土地利用率增加产量，获取收益	美国：生产高度机械化；荷兰：温室、园艺等精耕细作；以色列：水资源高效利用
品牌盈利模式	利用品牌溢价效应，提高农产品附加值，并通过适当营销、扩大品牌规模、延伸品牌文化等，实现经济利益最大化	荷兰：郁金香盛会；日本：休闲旅游观光农业；法国：葡萄酒展销会

（续）

盈利模式	形成方式	举　例
科技服务盈利模式	提供农业技术咨询服务，进行新技术、新设备、新品种的展示与出售，提供科技中介服务、进行产业孵化等	日本：筑波科学城——农业技术的硅谷； 荷兰：艾德市PTC示范中心； 美国：康奈尔大学建立的农业与食品科技园
发挥多功能性盈利模式	拓展农业多功能性，不断从农业休闲、旅游观光、生态、科普等功能中挖掘潜在价值，丰富农业园区盈利渠道	德国："农业公园""市民农园" 美国：迪士尼的"生物园" 意大利：托斯卡纳绿色旅游区等
社会公益性盈利模式	政府的财政补贴政策、贷款倾斜政策、税收减免政策	法国：山区农场73%的收入来自农业补贴，平原农场50%的收入来自农业补贴； 美国：每年120亿美元农产品价格补贴款

第三节　我国农业科技园区发展趋势

尽管目前我国农业科技园区的建设和发展还存在一些问题，但也积累了丰富的经验。随着创新驱动发展战略的深入实施以及市场化体系的日益完善，以农业科技创新和高新技术推广的集约化、规模化、产业化为标志的农业科技园区必将得到更快的发展，发展目标将更加明确，机制将更加灵活，复合功能日益凸显，对区域经济发展和产业带动作用将更加明显，在我国社会经济发展中起到的作用会越来越重要，发展前景将更加广阔。

一、科技创新创业能力进一步增强，科创型企业进一步聚集

农业现代化是必然趋势，科技创新是发展现代农业的关键切入点和核心战略，也是农业科技园区存在的基础和产业发展的动力源泉。农业科技园区必须要着眼长远、面向产业需求，积极培育充满活力的创新主体，进一步明确各类创新主体的功能定位，激发创新主体能动性、积极性，营造良好的创新环境，增加科技创新的有效性供给，更好发挥科技创新在供给侧结构性改革中的核心作用［中共农业部党校（管理干部学员）学习小组，2017］。增强自主创新能力，提高劳动生产率、全要素生产率和潜在增长率，走以科技进步为支撑的集约化内涵式发展道路，发挥科技创新创业对现代农业发展的强大支撑作用。

随着农业科技园区的深入发展，农业科技企业逐渐成为园区最重要的创新主体。应充分利用园区提供的优惠政策及有利资源，打造农业高新技术企业群，形成农业科技创新源和技术集成、成果转化的载体。园区应在仪器设备、人才培养等方面加大对农业科技企业的支持力度，吸引高新技术企业入园，通过与科研院所、高等院校合作，建立紧密的协作关系，共同组建研发中心、测试检测中心、院士专家工作站、技术交易机构等重大功能型和科研公共服务平台，形成产学研联合的创新平台，以技术、人才、成果为纽带，建立起以企业为主体，国家农业科研机构为骨干和引领，以市场为导向的互动双赢的技术创新体系；还应通过发展面向市场的产业孵化机构、成果转化中心、创业平台等服务平台，鼓励大学生、企业主、科技人员、留学归国人员自主创新创业，积极培育各类创新主体。

二、高新技术加速应用，新生产要素支撑作用日益凸显

农业高新技术是推动现代农业发展的重要引擎，是引导未来农业发展方向的重要力量，是推动供给侧结构性改革、跨越和可持续发展、提升农业国际竞争力的必然选择。当前我国农业科技园区都把高新技术应用与产业培育作为主要任务，以应对资源环境制约、培育新动能、实现转型发展。技术、数据、信息、知识等新生产要素得到越来越广泛和高效的利用，作为推动产业变革的关键要素和最重要资源，提升创新力和生产力。新一代信息技术、生物技术、新材料技术、新装备技术等高新技术将加速应用。其中，信息技术主要包括物联网、大数据、移动互联、人工智能等；生物技术主要包括生物育种、生物兽药、生物疫苗、生物肥料、生物农药、生物饲料、食品生物发酵剂等；新材料技术主要包括保水剂、功能性农膜、新型纳米肥料、纳米农药、缓释农药、新型节水灌溉材料及设备，以及新型药物载体材料等；新装备技术主要包括农业耕种收配套专用装备、智能化农机装备、食品加工及包装成套装备、农产品与食品物流仓储装备、农业信息化专用软件、农业专用传感器与仪器仪表，以及农业遥感与农业信息服务产业等。

三、成果转化能力进一步增强，辐射带动能力日益提升

农业科技成果转化是指以提高农业的优质率和产出率为目的的，将科技成果从科研领域的知识形态向生产领域的物质形态转移的过程，是农业科技进步的源泉，是农业快速发展的必由之路（张小甫等，2015）。通过农业科技成果转化才能实现农业科技成果的价值，并使科学技术这一要素与其他农业生产要素实现有效配置、与生产有机结合。因此，农业科技园区是区域经济发展和促进农民增收的强力引擎，其产业化、市场化能力决定了这个引擎的功率大小。

农业科技园区作为区域经济的"增长极"，影响力通过技术、组织、要素、信息等渠道向其周边地区扩散，从而使区域经济通过多层次的发展极在不同的点上带动经济增长。因此，在新的发展时期，农业科技园区将积极聚集各种创新要素，发挥其独特资源禀赋的区位优势，实现多元化辐射带动。作为农业高科技产业发展的高地，园区将以农业发展和农民需求为导向，开展科技创新和成果研发，为成果转化推广奠定基础。强化园区内龙头企业的社会责任，提升辐射带动能力，促进经济发展。农业科技服务推广体系不断完善，结合农民合作经济组织、专业协会等机构的大力发展，推动先进科技的示范与推广（尤飞等，2009）。农业技术成果传播媒介不断拓展，依靠多种公众传播媒介加大推广力度，开展直接面向农村、农户的信息服务。园区各类创新经营主体之间的职责划分进一步明确，为农民提供形式多样化的科技服务和技术培训，切实提高农民素质，加强农民对农业科技成果的吸收转化。

四、经营产业化、产业融合化、业态新型化日益凸显

农业科技园区作为各类生产要素聚集的载体，通过现代农业经营管理方式，将土地、资金、技术、管理方式等生产要素有机聚集，使农业产业结构得到调整和优化。目前，园区发展大多通过深入挖掘当地产业特色，围绕主导产业发展并向前后延伸，拓展产业联合聚集的合作广度和深度，形成以农业生产为基础，涵盖种子种苗、生产服务、加工、包装、仓储、流通、销售、服务及出口的综合性现代农业产业体系，引领周边地区农业产业链条不断延伸，不断提高农业的增值程度，带动周边地区农业增值和农民增收，增强产业集群的扩散效应，充分发挥主导产业对区域现代农业的引领作用，推动园区自我持续发展。

此外，园区着力发展新产业、新业态，促进一二三产业深度融合。不断拓展农业功能，大力推进农业与信息技术、休闲旅游、教育文化、健康养生等的深度融合，培育智慧农业、观光农业、体验农业、创意农业、社区支持农业、农业众筹等新产业、新业态。探索产业融合模式创新，发展种养结合型、链条延伸型、农业功能拓展型、技术渗透型和复合型融合模式，促进农产品加工业和休闲农业等集群化发展。支持新型经营主体发展壮大，提高农户参与农村产业融合的能力，引导不同类型经营主体分工协作、优势互补。构建产业融合发展的公共服务体系，建立紧密型利益联结机制及农村产业融合的风险防范机制。推进园区生产、生活、生态一体化，为实现乡村振兴提供试验样板。

五、体制机制不断完善和创新，为园区可持续发展提供支撑

农业科技园区建设以"政府主导、市场运作、企业主体、农民受益"为原

则，建立起分工明确、职责明晰、运转高效的运行机制（王从亭等，2006）。目前，我国农业科技园区已逐步建立起与现代生产力发展相适应的发展机制。政府在财政、金融、税收、土地和产业发展等方面提供适当的政策支持，发挥政府资金的引导作用，通过设立发展专项基金、科技成果产业化专项基金等，集中力量扶持基础性、公益性、试验性项目建设，增强园区的示范带动作用。通过加大金融贷款扶持力度，适当放宽条件，简化审批手续，给予适当贷款利率和时间上的优惠等措施助力园区内科技企业发展壮大。加大招商引资力度，鼓励和引导社会资金、民间资本和外资投资园区建设，使园区投资从单一走向投资主体多样化。不断建立和完善"政府引导、市场调节、农民自愿、依法有偿"的农村土地流转制度，推进土地适度规模经营。此外，园区还在不断探索适应并能充分带动当地社会经济发展的生产组织形式，创新发展模式，因地制宜建立多元化的建设发展机制。以规模化、标准化农产品生产基地为基础，坚持以市场为导向，充分发挥各类专业合作组织的服务和桥梁纽带作用，提供产前、产中、产后等阶段的社会化服务，注重运作当中的利益联结和分配，将市场和农户、企业和基地有机连接，实现农业产业的提质增效和农户的增收致富。

参考文献 >>>

陈阜，王喆，2002. 我国农业科技园区的特征与发展方向[J]. 农业现代化研究(2): 133-136.

陈柳钦，2010. 日本农协的发展历程、组织、功能及经验[J]. 郑州航空工业管理学院学报，28(1): 84-91.

杜艳艳，2014. 2014年美国农业法案的主要政策变化及其影响[J]. 世界农业(12): 69-73.

韩长赋，2015. 加快转变农业发展方式[N]. 人民日报，11-25(07).

蒋和平，2002. 高新技术改造传统农业的运行模式[J]. 农业现代化研究，23(4): 253-258.

李春杰，张卫华，于战平，2017. 国外现代农业园区发展的经验借鉴——以天津现代农业园区发展为例[J]. 世界农业(12): 230-235.

申秀清，修长柏，2012. 借鉴国外经验发展我国现代农业科技园区[J]. 现代经济探讨(11): 78-81.

王朝全，郑建华，李仁方，2002. 论农业科技园的目标、功能与保障体系[J]. 农业经济(11): 64-65.

王从亭，刘宗立，应芳卿，等，2006. 浅析我国农业科技园区现状、问题与发展趋势[J]. 现代农业科技(11): 151-152, 154.

尤飞，蒋和平，2009. 农业科技园区推动新农村建设的理论与趋势[J]. 中国农业资源与区划, 30(2): 54-58.

俞美莲, 张莉侠, 2015. 国外现代农业园区发展实践及启示[J]. 世界农业(3): 158-162.

张晴, 罗其友, 刘李峰, 2008. 国外农业休闲功能及对中国农业的启示[J]. 世界农业(10): 38-40.

张天柱, 2016. 现代农业园区规划与案例分析[M]. 北京: 中国轻工业出版社.

张小甫, 赵朝忠, 符金钟, 等, 2015. 我国农业科技发展现状及趋势研究[J]. 农业科技与信息(12): 34-36.

中共农业部党校(管理干部学院)学习小组, 2017. 深入推进农业供给侧结构性改革 加快培育农业现代化建设新动能——2017年中央1号文件学习体会[J]. 农业部管理干部学院学报(27): 1-12.

第二章
农业科技园区规划理论与方法

第一节 农业科技园区规划理论体系

建设农业科技园区是发展现代农业的重要方式。园区规划已经由单纯的农业产业经济规划转变为多学科共同支撑的复合体系规划，需要运用多学科理论指导规划编制。在规划编制过程中，园区自身条件和发展方向不同，理论应用的侧重点也应有所区别，从而使园区定位和建设更加科学合理。

一、农业区位理论

农业区位理论由德国经济学家杜能在其1826年完成的著作《孤立国对农业和国民经济之关系》中提出，在"孤立国"的全部假设条件都满足的情况下，不同地方距离中心城市的远近决定了不同地方农产品的"经济地租"。因此，杜能将"孤立国"以城市为中心，由内向外呈同心圆形状划分了6个农业带，分别为自由农作区、林业区、谷物轮作区、草田轮作区、三圃农作制区以及放牧区（约翰·冯·杜能，1986）。农业区位理论所要解决的主要问题归为一点就是如何通过合理布局使得农业生产达到运费最低，从而最大限度地增加经济利润，即确定一定人类经济行为的空间区位选择和空间内经济活动的最优组合。尽管现实社会中的条件和情况远比"孤立国"的假设条件要复杂，但是其抓住了根本问题，可用来解释诸多的土地利用问题，对于园区规划工作中的空间布局抉择，具有重要的理论指导意义。

二、增长极理论

增长极是区域经济学中的重要概念，增长极理论由法国经济学家佩鲁于1950年提出。其理论核心就是经济发达地区（增长极），可以把增长的趋势和影响扩散到周边的落后地区，并在其影响范围内引导经济活动的进一步发展，即增长极理论中的"乘数效应"。增长极理论是以区域经济非均衡发展为基础的，强调集中开发、集中投资、重点建设、集聚发展、注重扩散，强调着重发展推动型产业，强调区域空间结构的优化，以发展中心带动整个区域经济的发展。增长极包括了经济空间上的某种推动型产业和地理空间上产生集聚作用的增长中心两方面内容。人们普遍认为农业科技园区就是当代农村的增长极：核心区集农业科研、技术推广、培训社会化服务等功能为一体，技术要素、资金要素、人才要素、信息要素高度聚合，在示范区和辐射区对新技术、新品种、新模式、新方法进行示范和扩散，产生"乘数效应"，从而带动周边地区共同发展。

三、可持续发展理论

可持续发展思想最早由以挪威学者布朗特兰特为首的世界环境与发展委员会于1987年在题为"我们共同的未来"的报告中提出。报告指出可持续发展就是"既满足当代人需要，又不对后代人满足其需要能力构成危害的发展"。它明确出两点：一是优先考虑满足当代人的需要，尤其是满足世界上穷人的基本需要；二是要充分考虑到不危害后代人满足其需要（张坤民，1997）。可持续发展理论遵循三个原则：公平性原则，即同代人之间、代与代之间、人与其他种群之间、不同国家和地区之间的公平；持续性原则，即人类的经济活动和社会发展都必须保持在资源和环境的承载能力之内；共同性原则，即可持续发展是一个全球性问题，需要全球的整体协调。可持续发展的内涵包括生态可持续、经济可持续和社会可持续三方面。根据可持续发展理论，园区规划中，要充分考虑资源的长期供给能力和生态环境的承受能力，使园区内的P（population，人口）、R（resources，资源）、E（environment，环境）、D（development，发展）保持协调，保持园区内人地关系和生态经济的协调与平衡，在进行园区规划时充分考虑经济发展、生态环境和社会进步等多方面的目标。

四、循环经济理论

循环经济思想的萌芽可以追溯到1966年美国经济学家鲍丁尔提出的"宇宙飞船经济理论"。他将地球看成一个宇宙中与飞船一样孤立无援的系统，它靠不断消耗自身有限的资源进行运转，若不能实现循环利用资源，势必走向毁灭（Kenneth，1996）。1990年英国环境经济学家特纳和皮尔斯首次在《自然资源与环境经济学》一书中提出"循环经济"这一概念，此后循环经济理论在国际上逐渐传播。循环经济理论的本质就是科学地安排不同生物质在系统内部循环、利用或者再利用，以尽可能少的投入得到更多更好的产品。循环经济理论遵循"5R"原则，即reduce（减量化）、reuse（再利用）、recycle（废弃物再循环）、

recovery（再回收）以及 remanufacture（再制造），以低消耗、低排放、高效率为基本特征，经济增长模式符合可持续发展理念。根据循环经济理论，在园区规划中，既要按循环经济要求制定合理的规划目标，又要在园区规划过程中充分结合循环经济原则要求进行布局，以尽可能少的投入求得尽可能多的产出，从而获得生产发展、生态环境保护、能源再生利用、经济效益四者统一的综合效果。循环经济理论是指导园区规划必不可少的重要基础理论之一。

五、三区结构理论

三区结构理论是从事园区规划工作的专家在对农业科技园区十几年的研究与实践中总结出来的，提出了农业科技园区在空间布局上应由核心区、示范区和辐射区三区构成，三区有各自的内涵和特点，又存在着有机联系（王树进，2017）。核心区是整个农业科技园区的中心区，具有完整的边界和明确的范围。核心区作为整个园区管理、科技研发、培训、信息的中心，承担着向外展示园区科技成果、农业高新技术研发、农业科技培训、农业技术推广，以及对园区进行整体管理、指挥和协调等重要功能。示范区紧挨核心区，是核心区的直接作用对象，承担着农业科技园区农产品生产和农业科技成果示范的重要功能。示范区通过引进核心区的新技术、新品种，进行专业化、标准化、规模化生产示范，探索现代农业生产经营模式，起到整个园区新技术、新品种、新模式的率先示范作用。辐射区规模面积较大，一般不具有明确的范围，与示范区的地理环境、资源特点、生产与经营特征相近。可将示范区某种新技术、新品种、生产技术规程和标准传给辐射区，辐射区的企业、农户或农民合作组织也可与核心区和示范区的企业签订技术服务协议和产品供销合作协议，从而实现区域农业结构调整和升级，提高农民收入。

第二节　农业科技园区规划方法

目前，专门针对农业科技园区规划的方法研究还比较薄弱，多是应用其他领域成熟的规划方法从不同的切入点对园区进行规划。例如：用系统工程法对园区进行系统设计和分析，实现园区综合利益最大化；用功能规划法和功能用地规划法重点对土地利用和空间布局进行规划；又或是用生态系统规划法，强调景观格局配置和稳定、高效、和谐的复合人工生态系统的建立。通过科学方法的运用，规划能够更具操作性和可行性。

一、系统工程法

系统工程法是通过综合应用自然科学和社会科学中的有关系统思想、理论和方法，对规划园区的结构布局、发展理念、市场营销和社会需求等进行综合分析和设计，努力实现最优规划、最优设计、最优管理和最优控制，以便充分发掘规划园区人力、物力、财力的潜力，使园区局部和整体之间的关系协调，实现园区综合效益最大化。

运用系统工程法设计农业科技园区，主要遵循以下四个原则：一是整体性，即把规划设计的园区看成由不同部分所构成的有机整体，由整体功能、目标决定各个部分的功能和目标；二是有序相关性，即把园区划分为若干功能区，各功能区之间不但在地理位置上具有关联性，而且在功能上也相互支持或制约；三是动态性，即农业科技园区是一个动态系统，农业产出具有一定的滞后性，各个生产要素之间又存在不同的正负相互作用，应找到影响园区功能发挥的本源因素，利用园区的动态性质，设计出"四两拨千斤"的解决方案；四是最优化，即在园区规划设计过程中，要以最小投入获取最大产出为出发点来制定规划方案，一般可采用系统收集、征求多方意见、方案比选等方式，寻求园区系统的最优性能。

二、功能规划法

农业科技园区具备生产功能、生态功能、科普教育功能、示范带动功能四大基本功能。其中，生产功能是基础，生态功能是保障，科普教育功能是生态和生产融合后的衍生功能，是服务型园区的核心功能之一，而示范带动功能是农业科技园区的重要延伸，是研究园区建设规划的出发点和落脚点。功能规划法就是按照"前期研究—发展策略—空间规划—实施策略"的逻辑进行园区规划。

前期研究主要包括四个方面：一是地域研究，包括农业科技园区的地理位置、资源禀赋、气候条件、区位条件、农业发展概况、主导产业、特色产业、潜在产业、产业链情况等；二是基地研究，包括基地所处位置、经济区位、交通条件、用地类型、基础设施、种植类型、企业情况、用地权属等，如果有上位规划，还需要对上位规划进行深入透彻的分析与解读；三是案例研究，主要是通过研究农业科技园区成长的影响因素，对案例进行横向对比，发现农业科技园区发展的一般性规律和未来一段时间内的发展趋势；四是政策研究，主要分为国家层面的政策研究和地方层面的政策研究。

发展策略主要从以下四个方面考量：一是确定发展方向；二是分析发展动力；三是功能定位；四是发展模式选择。

空间规划是农业科技园区建设规划的核心部分，是根据园区的客观实际情况，最大限度地挖掘利用园的地理位置、资源禀赋、产业发展优势等资源优势，从而实现对园区内部各个功能区的最优规划布局。

实施策略主要从土地使用控制、环境容量控制、建筑建造控制、设计引导、配套设施控制、行为活动控制等方面进行考虑。

三、功能用地规划法

功能用地规划法是根据规划区内土地的现状条件，将土地按照生产、休闲、生态服务等不同功能的适宜性及其生产潜力水平的差异进行等级划分，为不同功能的土地预估其发展潜力，为土地资源的优化配置和合理布局做好基础工作，从而提高土地利用效率。功能用地规划法一般通过实地调查和资料收集得到规划区的遥感数据和地形数据，并解译出土地利用现状和道路数据，运用地理信息系统（GIS）平台创建数字高程模型（DEM），最后提取汇水线和坡度；运用土地适宜性评价方法，选取评价要素和评价因子，建立规划区不同功能用地适宜性评价体系，先利用层次分析法（AHP）确定各因子的权重，再利用 GIS 技术对评价因子进行整合、叠加运算，计算出不同功能用地适宜性值；对不用方案不同用地功能分别计算其用地适宜性值，汇总得到不同方案综合用地适宜性值，进而评估得到园区最优用地功能布局。

四、生态系统规划法

农业科技园区是一个复合人工生态系统，能否实现可持续发展取决于园区在建设过程中是否建立了和谐高效的人地关系，这种关系体现在园区与区域环境的生态关系和园区内部的生态关系两个层面。通过生态系统规划法可以回答规划的4个基本问题：哪些主导因子制约农业科技园区的发展可持续性？重点调整哪些生态关系才能维持园区的持续发展？园区的生态环境承载力有多大，还允许多大的开发强度？园区复合生态系统的主要发展指标是哪些？并结合对园区生态系统与区域生态环境之间的关系分析，对园区的发展方向与态势做出预测。但受人类强大的经济活动能力和人口急剧增长的影响，人类高强度地利用农业自然资源，导致农业生态系统的结构和功能发生了变化，能否合理利用农业自然资源决定了未来的农业经济活动乃至整个国民经济能否可持续发展。因此，农业科技园区的建设目标是运用生态系统规划法将园区建设成为能稳定、高效、和谐、持续运营的复合人工生态系统。

复合人工生态系统的具体建设目标包括以下四个子系统：一是生态环境资源子系统，在设计规划园区时，尤其注重生态系统的保护与可持续发展，强调清洁生产、高效利用，在保护环境的前提下努力发展园区经济，切实落实"宁要绿水青山，不要金山银山"的发展理念；二是生态产业经济子系统，依托当地特色资源与生态优势，设计适合园区的发展理念，以龙头企业为主导，逐步形成特色产业经济链条，扩大发展规模，带动农业经济发展；三是生态休闲区子系统，以园区不同的产品、生产方式、科技等为基础，展示园区多样化功能，建设栖息环境自然舒适、人地关系和谐的园区；四是科技支持和管理决策子系统，园区内引进农业新品种、新技术，提高农业生产效率，高效利用农业资源，采用灵活的管理运行方式，根据市场规则科学决策，促进园区健康可持续发展。

五、系统动力学规划法

系统动力学是在总结运筹学的基础上，将系统科学的思想、理论、模型方法与计算机仿真相结合，定性分析与定量分析相结合，决策的民主化与科学化相结合，来研究制定经济、社会、生态系统的战略发展计划，并且根据客观形势的发展变化，不断更新概念、思想和方针政策。它巧妙地把信息反馈的控制原理和因果关系的逻辑分析结合起来，对于复杂的实际问题，从研究系统的微观结构入手，分析系统的内部构成，进而分析和模拟系统的动态过程，建立仿真模型，以寻求问题的解决途径。

园区的系统动力学规划法就是通过问卷调查、实地调研、专家咨询、资料收集等多种方法，明确园区规划理念、发展方向、建园目标、功能定位、特色产业等大体结构，再对每一个方面进行细化研究，从而建立园区规划模型。园区规划由整体到局部，并把局部问题不断集聚，再反映到整体发展态势上，以此寻求解决办法，优化规划方案，最终建立园区规划仿真模型。

参考文献 >>>

王树进，2017.农业园区规划设计[M].北京：科学出版社.

约翰·冯·杜能，1986.孤立国同农业和国民经济的关系[M].吴衡康，译.北京：商务印书馆.

张坤民，1997.可持续发展论[M].北京：中国环境科学出版社.

KENNETH E B, 1996. The economics of the coming spaceship earth[J]. Environmental Quantity in Grouting Economy, 58(4): 947-957.

第三章

农业科技园区总体规划编制

第一节 农业科技园区规划的工作程序

农业科技园区的规划是一个连续性、反馈性的过程，部分工作会相互交叉或调换。在具体的规划过程中，应遵循从整体到局部、由粗及细的原则，首先从当地农业产业发展现状对园区定位及区域经济发展的影响开始分析，然后确定园区本身的特点与空间布局要求，最后结合这些属性进行针对性规划设计。

一、调查研究

明确问题是园区规划设计的第一步。进行农业科技园区规划设计之前需要先全面收集和了解拟规划园区的历史和现状信息，明确问题的特征。也就是说，必须提前进行调查研究工作。内容主要包括基础资料收集和现场实地调研两方面。

1.基础资料收集 通过向甲方索取或者网络查询等方式收集园区基础资料。园区基础资料包括以下几类：

（1）园区范围内的现状资料 园区范围内的现状资料包括自然条件现状（气候、水资源、地形地貌、土壤类型、土地利用现状等）、区位条件、社会经济现状、产业发展现状（农业主导产业、技术水平、农业机械化现状、农产品质量、农业经营体系）和配套基础设施现状等。重点了解现有重点实验室、工程技术研究中心、企业研发中心等科技研发平台情况，院士、教授、博士等科技人才情况，以及科技型企业、科技试验示范基地、科技政策等科技支撑现状。通过现状条件找出园区的发展优势与存在的问题，从而寻求解决办法。

（2）园区所在区域有关农业、社会经济、土地、水利、林业、旅游等部门的上位规划 国家和地方政府出台的有关统筹城乡发展、农业产业发展、现代农业园区规划建设的方针政策、规范、文件及相关研究成果等，对园区的建设和发展有一定的引导作用。

（3）国内外优秀案例　通过收集、研究国内外已建成的优秀农业科技园区案例，借鉴其发展模式，为规划找到实践依据。

2.现场实地调研　在对收集到的基础资料进行初步整理后，带着成果和问题前往项目区进行实地调研。调研内容包括以下三方面：

（1）调研当地的农业现状条件（地理区位、农业整体水平、经济社会发展水平、农业特色产业发展现状、典型企业和农业组织等），深入了解当地的实际情况，做好走访、调查、拍照和记录。

（2）调研当地的科技支撑现状（科技创新研发平台、试验示范基地、科创型企业等）。

（3）与当地主管部门及项目所涉及的各个相关部门进行座谈、交换意见，充分了解业主的具体要求、愿望，并收集规划所需的一手资料（杨洋，2014）。

二、资料分析

资料分析是园区规划编制工作正式开始的标志，也是整个规划工作的基础环节。将收集到的各类资料和在现场勘察时发现的问题加以系统地分析和整理，从而为园区规划编制寻找理论上的依据。从定性到定量，研究园区发展的内在决定性因素，发掘其资源优势和特色，明确园区建设的优势条件和制约因素，找出其中的关键问题，为制定园区发展目标和设计方案提供科学依据。

三、规划编制

1.初步设想　在客观分析和评价项目区自然资源、产业资源、人文资源、科技基础、社会经济条件、历史文化背景的基础上，提出园区规划初步设想。其主要内容包括园区定位、发展目标、总体布局和功能、建设任务等。向业主汇报并进行充分沟通，根据业主意见、建议对初步设计进行调整和修正。

2.规划文本编制　将初步设想进行内容的补充和细化，理顺规划的整体思路，确定规划的指导思想、原则和发展目标，根据园区性质和特色明确园区功能，根据建设规模和功能分区确定总体布局，还要通过项目设置和运行机制设计等手段，实现对当地各种资源的优化配置，从而提高各种资源的利用率，发挥各种资源的最大效益。至此完成规划设计的初稿，可先由规划方邀请专家进行评审，并向规划范围内的相关单位征求意见，对初稿进行修正和完善。

3.整体方案评价　初稿修正完善之后需要再次进行讨论、论证，参与讨论的主要是业主和规划方，并邀请专家和行政主管部门负责人共同参加。方案评价是最终决策的准备工作，是相关部门和决策者进行决策的依据，需要从技术、经济、生态、社会效益等多个方面进行，做到科学合理、令人满意，尽可能达到最优。规划方根据意见和建议对文稿再次进行修正和完善，完成终稿。

第二节 农业科技园区规划内容

农业科技园区规划主要包括总则，现状分析，指导思想与规划原则，战略定位与发展目标，总体布局、功能分区与建设任务，投资估算与效益分析，组织管理与运行机制，保障措施和规划附图等内容。在编制规划的过程中，首先以国家、地方政策和规划为依据，其次要符合当地经济社会和农业发展规划的总体要求，在此基础上对项目区进行综合现状分析，立足实际，因地制宜，发挥区位优势，注重大环境下经济带、经济圈的空间优势，以此来定位园区功能和建设内容等，做到与政策、上位规划良好的承接与融合，形成一个科学严谨的规划体系，以期建设出布局开放、特色鲜明、形式丰富、产业融合、资源条件和生态环境具有代表性的园区。

规划的各个部分是紧密联系的。指导思想是灵魂，是整体规划设计的逻辑起点，起到提纲挈领的作用。根据具体环境条件，确定指导思想；根据指导思想确定基本原则；根据指导思想、基本原则及当地经济发展状况、地域特色确定战略定位，设定总体目标和具体目标。按照总体目标、具体目标，结合地域情况进行规划布局和确定建设内容，指导园区优势产业发展，实现战略目标。

一、总则

总则主要介绍规划的基本情况，包括规划背景、规划范围、规划期限、规划依据等。

（一）规划背景

规划背景是农业科技园区规划编制的依据。在规划建设前期必须对规划背景进行系统、全面的调查和认真分析。规划背景主要介绍规划项目的缘起、园区建设的必要性和重要意义、规划区的区位等，让人对规划的缘由、区域位置、时间跨度等有个初步的认识。分析时要重点从国家和地方的政策导向、园区建设对本地区社会经济的带动作用两方面进行。

1. 政策背景 国家农业和科技发展相关方针、政策是制定规划的指导性文件。规划必须符合国家方针政策的要求，这是规划编制的前提。特别是要认真学习党中央和国务院各个时期的方针政策，它们是项目建设必须遵循的方向。在园区规划和项目建设过程中，也可利用国家对农业的倾斜和扶持政策来促进规划和项目的实施（徐胜，2008）。此外，省、市、县也会根据本地区的社会经济发展情况和主导产业制定一些政策，指明发展重点和方向，以促进本地区农业经济的发展。这些政策也是规划编制重要的参考依据，会对园区的建设发展产生重大影响。

2. 规划的必要性和重要意义　农业科技园区规划不仅是对农业生产做出具体的指令性计划的安排，对农业科技园区硬件建设进行详细的规划和安排，更是通过一定的方法和手段以及多方的资金投入，形成和建立一种农业生产经营组织的有形载体和空间单元，以便更好地服务于农业生产经营组织，将农业高新技术、现代化的经营理念有机融合，从而提高园区主导产业的市场竞争力和可持续发展能力。园区的科学规划、合理布局和创新设计是保障其健康、持续、稳定发展的根本，对保障农产品有效供给、加快农业高新技术示范推广、促进农业产业转型升级、推进区域现代农业发展，促进农业增效、农民增收和农村稳定，加快地方现代农业发展具有十分重要的战略指导作用和深远影响。

规划的重要意义一般体现在三个方面：一是践行国家重要发展战略和农业产业发展政策的重要抓手。产业发展政策是指在一定时期内根据国民经济和社会发展要求，通过一定的约束行为对产业结构和生产组织形式进行相应地调整，确保经济总量快速增长，并使供给结构能够有效地适应需求结构要求的政策措施。它是国家对经济进行宏观调控的重要手段，也指明了近期产业发展的方向和需求。当前，我国正处于深入实施创新驱动发展战略和乡村振兴战略、全面深化科技体制改革、推进农业和农村现代化的关键时期，处于全面建成小康社会和进入创新型国家行列的决胜阶段，农业科技园区的发展便是顺应了这一历史发展趋势，在宏观上符合国家的产业政策和扶持方向，而各项政策又为园区有序、健康的发展提供了坚实保障。二是推广现代农业发展模式和农业科技成果的有效载体。农业现代化是我国农业发展的根本方向，加快发展现代农业，既是转变经济发展方式、全面建设小康社会的重要内容，也是提高农业综合生产能力、增加农民收入、建设社会主义新农村的必然要求。农业科技园区作为农业技术创新和农业科技成果转化的新型组织形式，主要表现为技术密集、资金密集和产业聚集等特征，将充分发挥资源融合、科技支撑和示范引领作用，将先进技术和模式不断向示范区、辐射区和更广阔的区域扩散。三是引领当地特色产业发展的强大引擎。统筹考虑园区所在地城市布局、产业布局和生态布局，依托其在资金、技术、人才、市场、产业、品牌等方面的优势，充分发挥园区的龙头带动作用，以创新为动力，加速现代产业组织方式进入农业领域，有效促进传统农业向现代农业转变，促进农业产业结构调整和转型升级、加快农业规模化、专业化、集约化发展，同时带动当地经济发展，加快当地区域经济发展方式的转变，成为区域经济发展的新引擎。

（二）规划范围

规划范围：重点介绍规划区的区位、四至范围、占地面积等。

（三）规划期限

一般园区总体规划期限为 3 ~ 5 年。

（四）规划依据

园区规划不仅要依据党和国家的方针、政策，同时还要与地方政府的发展战略相衔接，因此，国家和地方政府的有关文件、上位规划和平行关联的发展规划都应该成为园区规划设计的依据。重点列举规划制定应遵循的国家和地方方针政策、上位规划以及与规划有关的规范和标准。在符合政策导向的基础上，严格按照规范和标准去编制规划，才能最终使文本达到高水平和高质量。

二、现状分析

开展园区规划设计，首先应对收集到的项目区基础资料进行分析，重点从资源现状、区位交通条件、社会经济条件、科技支撑条件、产业现状和基础设施条件等几个方面来进行阐述。在对园区现状基础资料进行详细分析与客观评价的基础上，提出具有创新性的战略定位和规划理念，明确园区的建设方向和发展目标，同时为空间功能布局规划提供依据，继而有针对性地规划建设内容和实施路径。

（一）资源现状

资源现状是指项目区当地的资源状况，如自然资源、人文资源等。

1. 自然资源　自然资源主要包括地理区位、地形地貌、气候条件、水文条件、土壤资源、自然植被、空气质量、动植物资源等内容。自然资源是现代农业发展的基础条件，决定了现代农业生产条件，对生产规模、方式、质量、经营、机械化水平等都有重要影响。农业科技园区是以农产品种植为核心，选址区自然因素必须适宜农作物生长。自然资源也是确定农业科技园区主导产业的重要参考，能够直接影响园区的发展前景和发展规模。在园区项目建设时，应围绕该地区自然条件对示范产业进行选择，如旱地不应示范水产养殖，丘陵地区应发展经济林果开发，土壤质量和空气质量优良的地区可以开展绿色和有机农产品的生产等，如此才能真正起到示范的作用（郝立群，2011）。

2. 人文资源　人文资源包括文化艺术、历史古迹、社会宗教、民风民俗等。农业科技园的功能不再局限于传统的生产功能和示范功能，科普、休闲观光等功能在一定程度上也成为园区功能的重要组成部分。可以将地方人文和农业产业的特色与园区建设相融合打造观光区景观，注重园区建设的地域性表达，以休闲和体验为核心，体现参与性和趣味性，用产业化的思路和商业化的运作模式，促进农业产业与农产品加工业和旅游服务业的衔接及综合开发，打造多业态的产业链体系，实现一二三产业深度融合发展，拓展农业的领域与发展范围，打造集多种功能为一体的综合性现代园区，充分发挥产业联动的融合效益。

（二）区位交通条件

区位是指在空间上园区与邻近区域其他景点的功能结构分布。它决定了项目区域的空间竞争力，是园区规划选址的重要考虑因素。现代农业科技园区在选址过程中，绝不能仅从农业科技园区角度考虑，还要兼顾其周围邻近区域是否有其他资源与其互补增强、促进，形成功能更加完整的组团区域，发挥区位优势（张新，2015）。

区位交通条件指项目区域所处位置与中心城市或主要客源地的距离，交通是否完善、便捷以及路况。具体包括：公共交通网点等分布情况，例如机场、火车站、汽车站距离项目区远近；交通可达性是否优良，例如周边是否有国道、省道等，过路、过桥的费用、行程时间，道路指向是否明确。交通是规划编制考虑的重要因素之一。交通便利，则与外界交流，引进技术、人才、资金等将更为便捷，同时产品也更容易向外输出。

（三）社会经济条件

社会经济条件主要指项目所在地的政府部门、各种社会组织、机构情况、政府财政收入、居民年平均收入等情况。掌握当地社会和经济状况后，要分析哪些是可利用的资源，哪些是不利的、需要进行投入改造的对象。社会经济条件能够反映规划所在区域的社会经济发展水平，为园区规划提供经济基础和社会氛围。不同的社会经济条件对园区的发展影响很大。社会经济条件较好的地区，园区经济基础雄厚，发展潜力大；反之，则潜力小，会制约园区及当地产业发展。

农业科技园区的主要功能之一是进行农业高新技术的研究、开发与创新，体现的是高科技、高投入，因此农业科技园区的建设必须有强大的资金实力和技术支撑，为园区提升创新能力和生产能力提供最有利的条件。园区建设时应根据当地经济基础，合理评估当地的投资能力，实事求是地确定开发项目。只有与当地需求和水平相适应，园区才能稳步发展。

（四）科技支撑条件

科技支撑条件包括先进技术、科技创新人才、科技创新研发和孵化平台、农业试验示范基地、农业技术推广机构等。

1. 先进技术　农业科技园区要因地制宜选择适合本地区的技术体系，这是支撑园区健康发展和体现园区特色的关键。先进技术包括农业高新技术和具有重大推广价值的实用技术等。其中，农业高新技术是指当前农业发展的前沿技术，如生物技术、信息技术等；具有重大推广价值的实用技术是指推广前景良好，能产生较高经济效益的农业技术，如设施高效栽培技术、高效实用养殖新技术、农产品储藏保鲜与加工技术等。技术支撑主体包括农业院校、农业科研机构和龙头企业的研发中心。农业科技园区和技术支撑主体之间在技术交流、合作开发等方面应建立通畅、规范的沟通机制，以便更好地推动园区科技创新与应用体系有机结合及科技成果转化。

2. 科技创新人才 农业科技园区的发展需要大量人才的支撑，人才是园区发展的内生动力。应重点分析园区已有的人才数量、技术结构和人才梯队等情况。园区的科技人才包括高校、科研院所的科研人员和团队，企业研发人员，农村实用人才等。按照专业类型可以分为掌握农业高端技术的先进人才、农业加工类专业人才、经营管理和市场营销类人才以及高层次复合型人才等。园区应与国内科研院所、高等院校建立良好的合作关系，通过课题或项目联合攻关等形式，吸引和整合专业领域的院士、专家、学者的科研团队，集中力量开展科技协同攻关研究、试验示范和推广应用，增强区域农业创新能力。应对园区科技人才分期、分批、有计划地进行知识更新培训。加强农村实用科技人才培养，做好农村发展带头人、农村技能服务型人才和农村生产经营型人才的技能培训。

3. 科技创新研发和孵化平台 应依托园区优势企业，以院士工作站、国家级和省级工程中心、重点实验室、星创天地、农科驿站等为抓手，不断完善科研基础设施，吸引、开发并整合优质的科技资源服务于园区建设，为科技创新提供平台保障。通过平台的建设，吸引与园区主导产业相关领域的科技型中小企业入驻园区，形成专业化、集群化格局；实施科技攻关，创造企业核心技术，提升技术实力，从而带动园区创新能力的整体提升，增强园区辐射带动能力。

企业是经济发展的主体，也是园区科技创新主体、投入主体和受益主体，因此，要把加强孵化功能的开发、促进入驻园区的高新技术企业发展作为园区建设的重要课题，通过向企业提供办公、研发和生产场所以及构建市场信息、产品开发、科技咨询、技术培训等综合服务体系，帮助企业与农业院校、农业科研机构等技术支撑主体建立紧密的合作关系，有效地促进科技企业的发展。例如国家科学技术部实施的"星创天地"建设工作，就是要通过市场化机制、专业化服务和资本化运作方式，利用线下孵化载体和线上网络平台，聚集创新资源和创业要素，建立新型农业创新创业一站式开放性综合服务平台，促进农村创新创业的低成本、专业化、便利化和信息化。

4. 农业试验示范基地 农业试验示范基地（以下简称"基地"）是指拥有大面积集中的土地资源和完备的农业基础设施，兼具科学试验、示范推广和教育培训功能的场所。基地将科技创新活动与产业发展需求相对接，同时与技术推广机构建立起协同合作机制，在示范推广、技术培训等方面发挥着重要作用。基地是科研项目实施的载体，农业科技成果的产生需要大量的试验作为支撑。基地是农业科技成果转化和推广的重要支撑平台，为新品种、新技术和新模式提供试验示范场所，能有效提高成果转化效率，故基地的建设状况会影响科研项目的申报、科研活动的开展和科技创新体系的建设等。

5. 农业技术推广机构　农业技术推广是促使成果尽快转化成现实生产力，实现农业现代化的关键。农业技术推广机构包括园区所在地政府农技推广机构、与园区有合作关系的科研院所、农业新型经营主体、经营性服务组织等。其中，政府农技推广机构和科研院所作为准公益性农技服务机构，以科技示范基地、专家大院、科技小院等作为支撑，与基层农技推广人员联合开展试验示范和推广工作，促进了科技与产业紧密结合。涉农龙头企业、农民专业合作社、家庭农场等农业新型经营主体通过与农民共同构建经济联合体，在为农民提供专业化、生产性服务过程中实现技术推广。经营性服务组织由于对市场了解透彻，服务效率更高，可为各类新型经营主体和农民直接提供技术、农资、农机、金融等相关服务。

（五）产业现状

产业在园区经济发展中具有支柱作用，主导产业的选择对于农业科技园区规划来说至关重要。因此，要全面掌握和分析园区产业现状，以更好地选择主导产业。产业现状主要包括园区范围内的农业产业类型、生产规模和技术水平等。在明晰园区产业现状的基础上，选择园区范围内生产规模大、技术先进、经济效益显著、特色明显、市场前景良好，对相关产业具有较强带动作用并具有持续开发潜力的产业作为主导产业。

（六）基础设施条件

农业科技园区选址地内及周边的供水、供电、能源、交通、通信等基础设施条件是园区规划建设中不可不考虑的影响因素。选址地基础设施条件直接关系到园区开发建设的难度和未来投资的金额。便利的外部交通有助于集聚区域外的科技、人才、资金等资源，同时可以提高园区招商引资的能力，吸引更多有实力的农业科技企业来园区投资；便捷的内部交通则可保证园区内产品生产、加工、包装、运输等有序进行。水电、能源设施是园区进行高科技农业生产的基本保证。完善的通信设备能够保证市场信息、科技信息等的收集、分析和发布。

三、指导思想与规划原则

（一）指导思想

指导思想是一个规划的核心和灵魂所在，是实现园区发展目标所遵循的根本依据和行动指南，也是确立发展定位、建设目标、项目方案的理论基础（信军，2014）。

应围绕国家和地方的宏观经济与现代农业发展战略，同时立足于规划区域内农业经济发展的基础条件，结合当地农业资源开发利用现状和主导产业发展需求，在准确及时把握市场的前提下，以促进当地经济发展为落脚点，从整体、大局入手，确定科学合理的农业科技园区指导思想（张媛，2014），要充分突出针对性和战略性。

（二）规划原则

一个完整的农业科技园区规划是一个综合的系统性工程，规划设计的侧重点不同，原则表述也不同。农业科技园区规划的原则既有一般规划所必须遵循的科学性、前瞻性、可操作性等原则，又有其特有的原则。在具体规划过程中，应根据当地政策、环境、资源等背景选择性地确定农业科技园区规划的原则。对于一个具体的园区而言，所选择的原则表述一般以3～5项为宜。

1. 因地制宜原则　园区的基础条件有些容易改变，有些需要通过增加建设投资来改变，有些则很难或者完全无法改变。因此，因地制宜制定的方案才是建设成本较低、可操作性较强的方案。这就要求规划过程中要综合考虑园区当地的资源条件、产业基础等因素，选择适宜的主导产业和产品进行开发；充分利用原有基础条件，以减少前期基础性投资；按照农业产业链和生态链的特点进行合理布局，使各功能区既相对独立又相互关联，形成各功能区在空间分布上的不同优势，达到前瞻性、包容性、和谐性的有机统一；根据不同地区社会经济发展条件和生态类型，选择不同的建设标准，切忌盲目追求建设的高标准。

2. 突出特色原则　特色就是竞争力，就是生产力。在激烈的市场竞争中以特色取胜，是农业科技园区发展的必经之路。农业科技园区的基础是产业，因此，规划时应从实际出发，发掘当地资源、市场、文化、区位优势，选择潜力较大和发展前景广阔的产业作为园区的主导产业；应立足特色资源，增强园区生命力和吸引力，树立"人无我有、人有我优、人优我特"的品牌地位，避免产业雷同和重复建设，实施差别经营，营造主题鲜明的特色园区。

3. 科技先导原则　农业科技园区是知识、技术密集型的经济实体，不同于一般的生产组织形式。它肩负着农业高新技术创新、示范、转化和推广的任务，是先进农业技术的聚集地和开发源，是科技成果的扩散源和转化器（张天柱，2011）。因此农业科技园区必须要在创新思维的引导下，加强新产品、新技术、新装备的引进、转化、展示和推广，优化种植方式、产品结构和经营策略，建立高效农产品生产体系和科学完善的农业科技服务体系，促进主导产业升级和农产品竞争力提升（郝立群，2011）。应紧跟农业高新技术发展的新潮流，全面提升园区整体科技含量，从而推动园区的发展，同时对项目区周边地区的农业科技进步发挥示范带动作用。

4. 效益综合性原则　农业科技园区是现代农业发展中的一个新的经济组

织形式。其生命力主要体现在展示示范、经济高效、辐射带动、生态友好等方面，因此，园区建设要兼顾经济、社会与生态效益，实现综合效益最大化。农业既是基础产业，又是战略性产业，不但要提供物质产品，还要提供精神产品，要在科技力量的支撑下，使农业由单一经济转向综合经济，由弱势产业变成具有强大活力、可持续发展的优势产业，实现三大效益的有机统一（袁小乔，2014）。要以生态效益为先，以社会效益为前提，以经济效益为突破口和出发点，以最少的资源消耗、最小的环境代价实现经济效益最大化。

5. 可持续发展原则 可持续发展是指既满足当代人的需要，又不损害后代人满足需要的能力的发展，是一种注重长远发展的经济增长模式，是科学发展观的基本要求之一。园区规划中的可持续发展既包括自然条件的可持续，也包括经济条件的可持续。自然条件的可持续发展是指在规划设计过程中要走低碳、节能、环保道路，充分考虑自然生态条件，保护生态环境，实现园区内环境资源的可持续利用。经济条件的可持续发展是指在建设项目、运行机制设计上要注重激发园区发展的内生动力，促进园区形成自我发展、自我提高的良性机制，实现园区持续健康发展。应以"严格保护、科学管理、合理开发、永续利用"为指导方针，延长和拓宽生产及服务链条，促进各功能区之间和产业之间的相互联结，以更有效地利用资源，增强农业的可持续发展能力，实现园区的可持续发展。

四、战略定位与发展目标

（一）战略定位

战略定位是项目规划的基本出发点，也是规划的发展纲领。拥有准确、清晰的定位，园区才能更好更快地发展。

1. 总体定位 科学的定位离不开严谨的评估论证。一个园区的成功建设，必须从实际出发，在充分分析各种发展的有利因素和制约因素的基础上，尽量尊重甲方发展意愿，找准切入点，提出科学合理的总体定位，进而对园区发展进行详细、缜密地规划，指导园区有序、稳步实现战略目标。农业科技园区在进行战略定位时，需要重点考虑现代农业科技的引领作用。此外，全产业链发展、可持续健康发展、农业产业化经营和一二三产业融合也都是目前主流的发展方向。当然，还可以基于资源优势、区位优势、产业基础、区域分工协作、产业升级、产业转移等确定总体定位。

2. 功能定位 功能定位是园区规划的基础，要立足于当地社会经济和产业发展等实际条件，根据园区规划的指导思想、发展目标，依据规划原则，全面协调、突出重点地确定园区在当地应发挥的作用及其影响。农业科技园区的功能包括科技创新创业、展示示范和推广、精品农产品生产、龙头带动、教育培训科普功能和休闲观光等。对于不同的农业科技园区来说，由于主导产业不同，其功能定位也不尽相同，在规划时应突出针对性和特色化。

（1）科技创新创业功能　从市场对新技术和新产品的需求出发，为入驻的科研机构和企业提供农业科技研发平台和开放式的技术创新服务网络，助力开发具有自主知识产权的新品种、新技术、新产品，提高企业的自主创新能力和核心竞争力。构建有利于推动创新创业的工作机制、政策体系、制度环境和公共服务体系，形成资本与技术融合、技术成果转化通畅、服务配套完善的产业化服务环境，切实服务各类创新创业主体。

（2）展示示范和推广功能　示范与推广一直是科研成果实现其最终价值的重要手段，一些发达国家把从科学研究到成果转化的过程归结为"R3D"，即research（研究）、development（开发）、demonstration（示范）和diffusion（推广），示范是这个发展链条中不可缺少的重要环节（陈磊，2013）。农业科技园区为传播农业高新技术起到了重要的示范作用。以园区作为科技成果展示和推广平台，通过展示示范、观摩学习、技术培训等手段，可使具有价值的科研成果得到迅速推广与应用。例如，目前已建成的246家国家农业科技园区累计引进、培育新品种4.09万个，推广新品种1.46万个，引进并推广各类农业新技术2.2万项，成为加快农业科技成果转移转化的重要平台。

（3）精品农产品生产功能　精品农产品生产、加工是农业科技园区的经济实体，是其基本功能。任何一个园区都不可能单纯以技术产品展示和政府资助为生存基础，必须保持其生产功能，为社会和市场提供优质农产品的功能，这是园区得以可持续发展的重要保障。农业科技园区的科技含量、技术水平较高，设施配备和管理方法更为先进，能够应用新品种、新技术生产出高产、优质、精品的农副产品，可以满足城市高端消费者日益提高的消费要求，还能通过强化和培育知名品牌，提高农产品的国内外竞争力。

（4）龙头带动功能　龙头带动功能是指以园区企业为龙头，以经济为纽带，通过多种利益联结机制与周边农民组成利益共同体，逐步形成农业产业化经营体系，带动农村经济向更高层次迈进。此外，在生产实践中注重新品种、新技术、新模式、新理念的示范与推广，通过定期开展技术培训，提高农民素质和应用新技术的水平，从而整体带动提升周边及更大区域的现代农业发展水平。

（5）教育培训科普功能　教育培训是农业科技园区的主要功能之一。农业科技园区一般都建有一定规模的技术培训中心，培训对象可以是当地或外地的基层农业技术人员、管理人员、农民等。结合园区主导产业成熟的技术模式，将先进的生产技术、管理模式和经营理念，通过理论与生产实践相结合的技术培训，传授给当地的基层技术人员和老百姓，使农业科技园区逐步成为当地农业高新技术的辐射源。

此外，园区还承担一定的文化科普功能。为满足城市居民精神文化需求和青少年了解农业知识的要求，可开放园区的农业科技展示空间和观光区域，寓教于乐，开展科普活动，为学生和市民亲近自然、接触农业文化、了解农艺知识等提供基地和平台。

（6）休闲观光功能 城镇居民对休闲观光和农事体验有很大需求。针对这一需求，我国大部分农业科技园区，特别是大中城市郊区的园区在规划设计过程中，都在功能区设置上对其休闲观光功能进行了考虑。在园区建设过程中，通过合理配置园区功能，除了保持农业的自然属性外，还可配合新型农业设施和高新技术的展示和应用，进行优质瓜果、蔬菜、花卉等的生产与示范，同时融合农业景观、乡村景观、农耕文化景观、历史民俗文化景观等，将生产、娱乐、休闲、餐饮等功能有机结合起来，形成集科学性、艺术性、文化性为一体的现代农业休闲观光景点。

（二）发展目标

发展目标是园区规划的重要部分和发展导向。要结合项目区的基础条件，依据指导思想、战略定位等，对项目发展前景做出预测，制定切实可行的发展目标，既不能好高骛远，又要避免目光短浅；既不能操之过急，脱离现实，又不能墨守成规、效率低下（信军，2014）。在园区规划设计之前，应先明确园区总体目标，再研究发展方针，组织合理结构，提出实现目标的有效方案。园区发展目标一般有总体目标和具体目标。总体目标是园区规划的核心，要紧扣主题、切实可行、区分功能。不仅要有发展的目标，还要有约束性的目标；不仅要有时间性的目标，还要有空间性的目标；不仅要有定性的目标，还要有定量的指标。

具体目标是实现规划总目标的基本途径或具体抓手。具体目标应该是有层次的，不能都是战略性的，应该结合总体目标和围绕农业科技园区主导产业，提出细致、明确的技术经济指标，如引进培育新品种、新技术的数量，科技贡献率，经济总量增长幅度，培训农民人数等。具体目标也可作为考察园区建设成效的重要标准。

五、总体布局、功能分区与建设任务

（一）总体布局及功能分区

总体布局及功能分区是园区规划的重要内容之一，是从空间上对园区进行的全面统筹。园区的总体布局是园区经济、环境、产业及空间组合的综合反映。农业科技园区要真正发挥农业科技辐射源和农村经济增长极的作用，必须是一个由不同层次、规模的农业区域组成的圈层结构，一般包括核心区、示范区和辐射区，通过核心区引领、示范区带动、辐射区扩散的运作方式实现资源的高度聚集和技术模式的有效扩散。

其中，核心区作为园区的中心及建设重点，主要承担农业新技术开发、引进示范、成果转化，及农业高新技术企业孵化的功能，此外还提供农业生产、咨询服务、培训教育和综合管理等功能。核心区规模为 2 000 ～ 30 000 亩，有完整的边界和明确的范围。示范区位于核心区的外围或周边，作为核心区产业化带动基地、农产品生产基地和农业科技成果转化基地，主要承担示范推广功能，是高新技术及产品的展示、试验基地。示范区具有一定的边界和范围，面积大约是核心区面积的 3 ～ 5 倍，一般为 10 000 ～ 150 000 亩。辐射区位于示范区外围或周边，是接受核心区技术服务或直接受到核心区影响的农业发展区域，主要承担技术扩散功能，是核心区的产业化带动基地。辐射区与示范区在空间上可以不连续，且不要求集中连片。

总体布局的具体内容要通过功能分区来实现。功能分区是园区内结构在地域空间上的体现，是不同项目活动在园区范围内的空间分布及空间组合形式。园区功能分区布置是否合理直接影响着各项活动的有效开展。应综合考虑产业布局和土地利用现状，依据园区规划的指导思想、发展定位、发展目标进行规划设计，将功能相近的区块进行整合，形成空间上的聚集，划分若干的功能区，确定产业带及景观、经济轴线。既要全局统筹，也要兼顾局部协调，还要充分确保各区域内所引进的项目规模、技术选择等方案的先进性和可操作性。坚持重点明确、特色鲜明的原则，突出开放性、科学性和生态性，打造功能齐全、空间联系紧密、合理高效的功能分区布局模式，实现园区综合效益的最大化。

农业科技园区具体功能分区主要包括科技研发孵化区、高科技示范区、推广服务区、农产品生产加工区、休闲体验区、综合管理服务区等。在具体规划时，功能分区应根据不同立地条件和资源特色合理划分，充分发挥各区域资源优势。

科技研发孵化区主要功能包括科技研发、技术引进、成果转化、企业孵化等；高科技示范区主要负责新产品、新技术的展示示范，并具有一定的生产观光功能；推广服务区主要开展技术推广、科技培训，对外提供技术咨询、信息服务等；农产品生产加工区（设施农业、种子种苗、畜禽养殖、特色林果等）主要是进行农产品生产、初级加工和精深加工；休闲体验区主要提供观赏、游览、体验、科普等设施，实现农业功能的拓展；综合管理服务区主要提供办公管理、食宿等功能，发挥组织协调、服务保障、有效监管的作用，为园区的建设和发展创造优良的环境。由这些功能分区组成综合的农业科技创新、技术示范推广和生产经营体系，优化组合种植、养殖、加工、休闲等布局，努力打造复合型科技园区。

（二）建设任务

建设任务是指根据园区建设基础、发展定位和功能布局，为实现园区建设目标而制定的全面、详细、系统、可操作的计划安排，以工程或项目的形式呈现并实施。农业科技园区建设任务一般包括增强科技研发孵化能力、提升主导产业发展水平、完善基础设施建设和促进产业融合发展等。具体建设任务因园区而异。

1. 增强科技研发孵化能力 农业科技是加快现代农业建设的决定性力量。要围绕园区现代农业产业科技需求，切实抓好农业科技创新体系建设。建设农业科技综合服务中心，集农业科技研发、创业孵化器、农产品质量检测中心、农业科技培训中心、高新农业技术成果转化基地、博士后工作站等功能平台于一体，吸引科技、金融、人才、信息等现代生产要素聚集，加快培育农业科技创新集群，在主导产业关键技术领域开展科技研发、示范和推广，激发产业链、价值链的重构和功能升级，提高土地产出率、资源利用率、劳动生产率，形成促进区域现代农业转型发展的动力源，加快推进农业现代化进程。创新产学研结合模式，促进研究开发与生产实践相结合、与产业需求相适应，推动形成稳定的产学研合作组织和多方共赢的合作机制。

2. 提升主导产业发展水平 农业科技园区主导产业有优质粮棉、精品蔬菜、特色林果、健康畜禽、精品水产、现代种业、花卉苗木、精深加工、科技会展、商贸物流、休闲观光等多种类型。应充分发挥园区生态环境、自然资源和区位优势，以强化园区基地平台建设为抓手，利用现代信息技术和农业装备提升生产效率，发展精准农业和高效农业；实施生产技术体系优化，实现产业产品提质增效；坚持质量兴农，实施农业标准化战略，坚持优质、安全、绿色导向，健全农产品质量和食品安全标准体系；实施农产品品牌化战略，提升产品附加值；延长生产、加工和销售产业链条，促进产业集群化、规模化、高端化。

3. 完善基础设施建设 完善园区配套基础设施是促进现代农业发展的基础保障。应开展高标准农田建设，通过实施测土配方施肥减少化肥使用量，通过秸秆还田和施用有机肥提高土壤有机质含量，整体提升耕地质量；加快大中型灌区配套设施改造、灌排泵站更新改造和小型农田水利工程建设，加大雨水集蓄利用、中小河流治理以及库塘整治等工程建设力度，大力发展高效节水灌溉，提高水资源利用率；加快农田防护林建设，构筑绿色生态屏障；实施田间道路改造升级，使之适应机械化农事操作，整体打造"旱能浇、涝能排"的高标准农田和优美景观田；推广应用智能温室、钢架大棚、农业机械、信息化技术装备等先进设施设备，不断提升园区生产能力和现代化水平。

4. 促进产业融合发展 在明确园区主导产业的基础上，推动产业链向前后端延伸，提升产业价值链，增强园区产业的竞争力。重点发展农产品初加工和精深加工业，推动第一产业与第二产业融合发展，提升农产品附加值。大力推进"互联网＋农业"发展模式，建设和完善产业园仓储、物流、配送等服务体系，构建农产品流通体系，以流通业提升产业效益。将主导产业与园区现有旅游资源、文化资源、历史民俗、美丽乡村建设相结合，加强休闲观光功能开发，大力发展科技观光型、文化体验型、生态观光型和生产体验型休闲农业，拓展农业科技园区功能，最终实现园区一二三产业的深度融合发展。

六、投资估算与效益分析

（一）投资估算

投资估算是根据园区建设内容来确定项目投资额度，是编制园区基本建设实施计划、考核工程建设成本、进行园区项目的技术经济分析和工程结算的重要依据（管丽娟，2010）。农业科技园区的投资主要由固定资产投资和流动资产投资组成。固定资产投资主要包括园区内部建筑物、厂房及机器设备等固定资产的费用和土地征收费、勘察设计费等其他费用。流动资产投资主要包括购买农业生产资料以及支付工资和进行经营活动所需的各种费用。

农业科技园区的资金来源主要包括政府投资、政策项目资金、社会融资、企业投资、招商引资等。在园区规划建设过程中，应充分发挥政府投资的引领作用，鼓励和吸引社会各界力量以各种生产要素参与园区建设，拓宽园区建设资金来源渠道。此外，为了减少财务风险，不应盲目扩大借入资金规模，而应使借入资金保持适当的比例，从而使项目运作始终保持有一定的偿付能力和良好的财务状况。

（二）效益分析

农业科技园区的效益分析主要涉及经济效益、社会效益和生态效益三个方面。三类效益要统筹兼顾、协调统一，其中经济效益是园区可持续发展的重要保证。因此，园区建设不能只是"政绩工程""形象工程"，不计成本、不注重经济效益。政府和社会各方在资金、科技、人才等方面对农业科技园区建设投入较大，体现了国家为推动现代农业发展所做的努力，但是园区自身效益化经营能力才是园区健康发展的内驱力，园区发展若偏离了这个目的，园区建设和项目投资就失去了实际意义。

经济效益主要是指园区建成后园区本身及示范、辐射区域生产加工、经营销售所创造的直接经济利益和间接经济利益。做经济效益分析时，必须保证数据的真实性；收集的数据要全面，因为企业的经济效益是多项因素的集合；方法要科学，尽量全面核算园区经济效益。

社会效益是指园区建成后给社会带来的有利影响，包括在带动产业升级和产业结构调整、改善投资环境、促进就业、提高居民综合素质、改善人居环境、增加财政税收、增加农民收入等方面的社会影响力等。

生态效益是指园区建成后在维护和改善生态环境质量方面所获得的效能和利益。生态效益的基础是生态平衡和生态系统的良性、高效循环。通过新产品、新技术的应用，减少农业向系统外输出污染物和减少碳排放，将农业发展建立在"绿色生产"基础上，推动生态文明建设以及社会、经济、环境的和谐可持续发展。

七、组织管理与运行机制

（一）组织管理

组织管理是指通过建立健全农业科技园区管理机构，合理配备人员，规定职务或职位，明确责权关系，以有效推动园区建设和运行，实现建设目标。我国农业科技园区多为政府主导，在园区建设初期可由省、市或县各级领导以及科技部门负责人组成园区建设协调领导小组，主要负责园区建设的组织、领导和协调工作。同时成立园区管理委员会，负责园区规划、建设、管理等日常工作，根据工作职能划分不同部门或处室分管具体工作。此外，园区可成立专家咨询委员会，作为园区发展的咨询和技术指导机构，负责协助园区建设协调领导小组和园区管理委员会进行项目决策和技术管理。成立园区投资管理有限公司，以企业运作的方式搭建科技金融投融资平台，通过政府引导性投资带动企业资本、银行资金等社会投资全面参与，建立多元化投融资机制，吸引更多民间资本加入园区运营管理。

（二）运行机制

运行机制是指园区与在建设管理、技术和资金方面的合作伙伴，如政府、高等院校、科研单位、企业、银行等，在建立互惠互利、稳定的经济利益共同体关系的基础上，为实现园区健康稳定运转而确立的基本准则及相应制度。农业科技园区的管理与运行应遵循以下几个原则：

第一，政府宏观调控，坚持市场化运作、企业化经营管理。避免过多的行政干预，政府主要在资金引导、政策支持、组织协调、检查监督等方面提供有力的支持，保证园区规范运营，在产业发展方面不做干预。而园区内企业作为园区的建设主体，是园区开发、建设的主力军。

第二，提升园区科技实力，注重科技创新与成果转化。企业作为园区最重要的创新主体，要充分利用国家相关政策及园区资源，与科研单位、高校等建立紧密的协作关系，将园区打造成为农业科技创新源和技术集成、成果转化的载体。应建立完善的人才培养、激励机制及利益共享机制，调动创业人员积极性。

第三，培育、壮大龙头企业，发展产业化经营。例如在"公司+基地+农户"模式中，构建企业与农户"共担风险，共享利益"的风险利益机制，从建设之初就将多方利益纳入组织体系，通过延长农业产业链条，使园区产业稳定、系统化发展。

第四，建立多元化的投融资运行机制，坚持"谁投资、谁所有、谁受益"的原则。通过政府引导性投资，吸引和带动企业投资，鼓励社会闲散资金、涉农技术组团入园投资创业，积极争取金融部门的支持，营造多渠道、多层次、多元化投融资体系。

八、保障措施

农业科技园区的建设具有起点高、涉及面广、建设周期长、技术来源广泛等特点，是一项需要政府、科研机构、企业、农民等多主体共同参与的综合系统工程。要保证园区的成功建设和平稳运行，除了合理确定各相关主体的角色和定位、明确管理体制和运行机制外，还要建立完善的保障措施，一般从技术保障、政策保障、制度保障、人才保障等方面阐述。

1. 技术保障　科学技术是现代农业科技园区成功建设的生命线。农业科技园区应因地制宜，选择适合自身主导产业发展的高新技术体系，这也是体现园区特色的关键。鼓励园区企业加强与科研院所等研发机构合作，承担科研项目、国际合作交流等项目，不断培育新品种、研究新技术、探索新模式，为园区发展提供技术支撑。

2. 政策保障　充分利用国家和地方政府关于园区建设、农业产业发展、科技创新创业、金融扶持、人才引进等方面的优惠和促进政策，积极争取资金支持。地方政府和园区应制订配套的土地流转、技术引进、成果转化、人才激励等相关优惠政策，为园区发展提供良好的政策环境。

3. 制度保障　园区管理部门要制订一整套操作性强、行之有效的园区管理制度，在土地、资金、企业、人才、税收等方面进行明确的管理规定，并有效实施。应按照产权明晰、权责明确、政企分开、管理科学的现代企业管理制度运行。

4. 人才保障　通过人才引进和人才培养有机结合的方式保障园区始终保持科技创新活力。园区可通过课题和项目的形式与国内外科研机构、高校等进行合作或者联合攻关，整合农业领域创新型人才；通过聘请专家作为园区专家委员会成员，定期或不定期对园区工作进行指导；通过优惠的人才引进和激励政策吸引和培养各类农业优秀人才，为园区发展注入强大"能量"。

九、规划附图

在规划文档中，一般要插入一些图，如区位图、功能分区图、效果图等。

附图可以直观地表现园区的地理位置和区位优势，便于展示各功能区的布置效果和情况。

1.区位图　区位图是园区所在地的地理位置。通常在图中标出园区所在地与临近重要城市以及机场的距离，以表明园区优越的地理位置和便利的交通条件。

2.功能分区图　在园区建设区域内，按照产业基础和未来发展定位划分合理的区域。功能分区图是将各个区域的位置和占用的面积以不同色块表示出来。

3.效果图　效果图是利用计算机三维仿真软件技术模拟真实环境得到的高仿真虚拟图片，通过将平面的图纸三维化、仿真化，能给人以强烈的空间感和身临其境的感受。效果图强调的是立体、醒目、美观，让人能从图面一下看到未来的壮观景象。

参考文献 >>>

陈磊,2013.平潭上攀湖农业现代化示范园区建设研究[D].福州:福建农林大学.

管丽娟,2010.现代农业园区规划设计研究——以杨凌现代农业示范区为例[D].杨凌:西北农林科技大学.

郝立群,2011.农业科技示范园规划设计研究——以吉林省怀德镇农业科技示范园规划设计为例[D].长春:吉林农业大学.

信军,2014.农业园区规划编制内容初探[J].中国农业资源与区划,35(5):117-122.

徐胜,2008.江苏省现代农业园区的建设及规划研究[D].南京:南京农业大学.

杨洋,2014.我国现代农业园区规划理论体系构建及应用研究[D].成都:西南财经大学.

袁小乔,2014.现代农业产业园规划理论与实践——以无锡东方田园和湖南巧化农业产业园为例[D].南京:南京农业大学.

张天柱,2011.现代农业园区规划与案例分析[M].北京:中国轻工业出版社.

张新,2015.关中地区现代农业园区规划调研与比较研究[D].西安:长安大学.

张媛,2014.河北省现代农业园区规划研究[D].保定:河北农业大学.

第四章
现代科学技术在我国农业中的应用

第一节　现代信息技术

当前，以传感技术、计算机与智能技术、通信技术和控制技术为主要特征的信息技术发展迅速，信息化浪潮正席卷全球。信息化是世界发展的必然趋势，是推动经济社会变革的重要力量，是衡量一个国家现代化水平的重要标志（张建华等，2015）。农业信息化是农业科技园区高效集约发展和推动现代农业发展的关键手段。近年来，我国加快了农业信息化建设，通过推动大数据、云计算、物联网、移动互联、遥感等现代信息技术在设施农业、大田生产、畜禽养殖、水产养殖、农产品质量安全追溯和现代农业管理服务等领域的应用，推进农业智能化、数据化、自动化。

一、设施农业

目前，信息技术在设施农业中的应用主要包括设施农业物联网、植物工厂和设施农业机器人等。在我国，设施农业物联网研究起步较早，各地农业科技园区均有广泛应用。它是通过对光、热、气、水、肥等环境因子进行实时监测、智能诊断和综合调控，维持作物生长的最佳环境，达到增产增效的目的。而植物工厂和设施农业机器人尚处于研究和样机阶段，缺乏商业化的成熟产品。

常熟国家农业科技园区于2015年开展"智慧农业"项目建设，通过实现视频远程监控、室外气象数据收集、室内温室环境监测、环境条件智能调控等功能，有效地减少了人工操作，提高了生产效率（魏斌等，2017）。新平现代农业示范园区通过配备温室智能监控系统，并对实时监测数据进行存储和智能分析与决策，实现对温室环境因子的自动监测和控制；利用可视化、远程诊断及培训系统对棚内作物生长情况、病害发生情况等进行实时监测，并与农业专家建立联系，进行远程诊断和培训；对历史监测数据进行汇总分析，建立特定作物环境控制生长模型，指导设施种植标准化生产（温学萍等，2014）。

二、大田生产

大田生产信息化是通过对农田环境、作物本体等信息进行在线采集传输，根据田间因素的变化来精确地调整各种农艺措施，优化农业要素的投入量，进而实现精耕细作、合理灌溉、精准施肥、病虫害防治等精准防控，以期获得较高产量和合理经济效益，同时保护生态环境，保障农业可持续发展。精准农业是大田生产信息化的重要发展方向之一。目前，精准农业在大型农场、农垦以及现代农业科技园区取得了良好的示范和应用成效，但相比设施农业，推广应用相对滞后。

哈密市国家农业科技园区对667公顷大枣和棉花种植基地应用灌溉物联网系统，实现了自动化精量节水灌溉。平均每公顷节约用水900立方米、节省人力1 125工时，同时该系统能自动记录、统计、分析灌溉、施肥、生产等数据，为精细农业和安全追溯提供了数据支持，有效提高了水肥利用效率和作物产量及品质（农业部市场与经济信息司，2015）。永修县现代农业示范园通过在稻田、蔬菜地安装小型气象站、温湿度等各类传感器和视频摄像头，同时建设智能管理中心，布置视频监控系统、环境检测系统、传输系统、专家决策系统、追踪溯源系统，实现了稻谷、蔬菜的精确种植和智能管控（钟志宏等，2016）。

目前，大田生产农业物联网在大型农场、农垦以及现代农业科技园区取得了良好的示范和应用成效，但相比设施农业，推广应用相对滞后。

三、畜禽养殖

近年来，随着我国主要畜禽养殖模式逐步向规模化、标准化的现代生产方式迈进，物联网、大数据等信息技术在农业科技园区得到了不同程度的应用。畜禽精细化养殖监控网络与系统已初具规模，进一步推动了畜禽养殖业向集约化、智能化、自动化方向发展，同时提高了畜禽养殖的质量及安全水平。目前，环境监测、精准饲喂、生产管理等领域的技术产品发展较为成熟，专家决策管理、废弃物无害化处理、科学育种等领域的产品研发和应用有待拓展和深化。

江苏北农大农牧科技有限责任公司养殖场采用环境智能控制、智能化饲喂、智能孵化等技术设备，同时开发了家禽企业综合管理信息系统，集疾病防疫、生产检测、养殖生产多功能于一体，实现了企业生产和管理智能化（陈建伟等，2017）。广东省温氏集团建成了畜牧养殖生产监控中心、畜禽养殖环境监测物联网系统、畜禽体征与行为监测传感网系统等，实现了对各地养殖户及加工厂的实时监控及重要检测数据的收集，为管理者提供决策依据（熊本海等，2015）。

四、水产养殖

我国是水产养殖大国。近年来，农业物联网等信息技术在水产养殖领域加速推广应用，推动了传统养殖模式向信息化模式转变，并取得一定进展。当前，信息技术主要应用于水质环境监测、智能控制以及水产品疾病预测等方面。

新富源水产养殖基地利用视频监控设备、传感设备，可实时调用基地养殖塘口的pH、溶解氧、水温等养殖环境因子以及养殖塘口管理环境数据，实现远程实时智能监控（陈建伟等，2017）。贺兰县科海、新民等水产养殖园区应用无线数据采集、智能水质传感器和控制终端等技术设备，通过水质远程监测、鱼病远程诊断、增氧机及投饵机远程控制，实现水产精准化管理（沈雯等，2017）。

五、农产品质量安全追溯

农产品质量安全追溯系统是指利用物联网、移动互联等技术，能够记录拥有唯一标志的农产品生产、加工、流通、销售各环节的关键信息，从而实现农产品质量安全追踪和查询的管理系统，具有唯一性、全程性、可靠性、全面性（陈杰等，2018）。追溯系统可以实现食物生产源头的控制管理，监管、检测更加高效，从而确保农产品品质和安全。目前在农业科技园区已有较为广泛的应用，且主要集中在农产品包装标志及农产品物流配送等环节。

大唐现代农业示范园应用移动互联、物联网、二维码、无线射频识别等信息技术，建立起从农产品生产、加工、储运到销售的可追溯体系，实现了农产品的来源查证、去向追溯与责任定位，保障了农产品质量安全（赵领军等，2016）。广西壮乡河谷集团建立了芒果农产品质量安全追溯与监管体系，构筑了质量内控体系，实现了芒果产品质量安全信息的溯源查询，提升了芒果产品的品牌价值（屈冬玉，2016）。

六、现代农业管理服务

现代农业管理服务是以物联网、大数据、云计算、移动互联等信息技术为支撑，打造一系列农业信息平台，改造并提升农业生产、管理、流通和服务等环节，实现对园区土地、设施、装备、科技、投入和劳动力等生产要素的优化配置，以及园区信息的全程采集和共享，并通过各类模型和决策系统的应用为园区农业产业发展提供预警和决策支持。目前多数园区建立了信息化管理系统，但功能以管理为主，预警、决策、服务和信息共享等功能有待拓展和深化。

北京通州国际种业科技园区建设了物联网应用基础服务平台、种业物流服务平台、种业网上信息与交易平台三大平台，实现了玉米、水稻、小麦、大豆、棉花、油菜及蔬菜种子"育—繁—推"过程管理的信息化（李瑾等，2018）。王元胜等（2018）设计提出了与基层园区规模相适应的低成本全景GIS数字化云服务系统，能够实现园区全景信息动态管理、监测数据在线分析挖掘和试验数据协同分析等功能，并已在京津冀地区的园区信息化中得到应用，效果良好。

第二节　现代生物技术

生物技术是指以生命科学为理论依据，通过对生物进行改变，达到增加产量、培育出新的品种或者其他的目的（黄挽疆，2016）。近年来，生物技术在农业领域的应用越来越广泛，为农业现代化的发展提供了全新的机会。世界主要发达国家纷纷把农业生物技术列为优先发展的领域，我国也高度重视生物农业的发展，将生物产业列为七大战略性新兴产业之一，并把生物农业确立为生物产业的重要发展方向。目前，关于生物农业较为权威的定义由万建民院士于2010年提出。他认为，生物农业是按照生物学规律，综合运用现代生物技术手段，培育品质更优、产量更高的农业新品种，以生产高效、生态、安全的农产品，并维持系统最佳生产力的现代农业发展模式（万建民，2010）。

一、生物育种

在农业种植和育种中运用生物技术，能够突破传统育种技术的种种局限，使农作物育种更精确、更高效、更可控且可预见，能够实现缩短育种时间、改善作物性状、提升产量和质量、抗虫抗病等目标，有效提高农业生产的经济效益与社会效益。

在植物育种方面，我国的主要农作物强优势杂交种育种技术国际领先，水稻和小麦等主要农作物功能基因组学研究继续领跑世界；杂种优势利用、分子育种、染色体工程、细胞工程和空间诱变技术体系不断完善，继续引领我国农作物生物育种技术的源头创新，培育了Y两优900、国稻6号、吉单558、郑麦366、中油杂11等一批优质高产抗逆的超级稻、优质小麦、杂交玉米、抗虫棉、双低油菜等重大新品种（魏珣等，2018）。

在转基因技术研发领域，我国已经开展了棉花、小麦、玉米、大豆等作物的转基因育种研发工作，并取得了一系列研究成果，超级稻、转基因抗虫棉等生物育种技术已经达到世界先进水平。2017年我国转基因作物种植面积约为

280万公顷，全球排名第八。与美国种植玉米、大豆、棉花、油菜等多种转基因作物不同，我国目前商业化种植的转基因作物仅有棉花和番木瓜。

在动物育种方面，动物分子细胞育种技术水平得到明显改善，畜禽功能基因组研究获得多项原创性成果，海洋生物全基因组选育取得重大突破，大幅度提升了我国动物制种供种能力和核心竞争力（魏珣，2018）。全球首例转基因鱼在我国诞生，家畜育种中大量分子标记技术得到验证，以转基因奶牛为代表的全基因组选择技术研发取得重要进展，诞生了中国对虾黄海1号、中国美利奴羊、中国荷斯坦牛等一大批重大成果（季凯文，2017）。但是，由于目前社会各界对转基因生物的安全性争论不休，尚无明确定论，使得转基因农产品面临较大的舆论压力。而且大多数转基因育种技术掌握在高校和科研院所手中，研究成果转化率低。

2013年9月，浙江大学(长兴)农业高科技园区和浙江南太湖农业高科技园区联合获批为国家农业科技园区。园区依靠学校涉农学科强大的科研优势，以占领国际同类研究的前沿领域和生物技术产品的高端市场为目标，整合优势资源，侧重于有利于提高资源利用率、改进农作物品质的功能基因的挖掘，以及以植物生物技术为主线的高水平现代农业技术的研究和开发。园区已育成多个转基因抗虫棉品种，并在河北等省市推广种植数十万公顷。在转基因抗虫水稻、玉米方面也已取得实质性成功。在水稻的养分高效利用、营养功能强化等方面的研究也获得显著突破，具有重大商业化前景。

二、生物肥料

生物肥料是指应用于农业生产的、含有特定微生物活体的制品。其主要作用是给作物提供营养或促进植物生长，改善农产品品质及保护农业生态环境（毛开云，2014）。近年来，我国生物肥料行业发展迅猛，无论是产品种类和总产量，还是其应用面积都快速增加。截至2015年年底，我国从事新型肥料生产的企业近3 000家，约占我国肥料生产企业总数的1/4，2015年总产值接近1 000亿元。在农业部登记的产品种类有11个，包括固氮菌剂、根瘤菌菌剂、硅酸盐菌剂、溶磷菌剂、光合细菌菌剂、有机物料腐熟剂、复合菌剂、内生菌根菌剂、生物修复菌剂及复合微生物肥料和生物有机肥类产品。截至2018年10月，我国已有微生物肥料企业2 050家，产能达到3 000万吨，登记产品有6 428个，产值达400亿元。

在我国20多个省(自治区、直辖市)的30多种作物中，禾谷类作物应用的生物肥料最多，其次是油料作物和纤维作物，应用较少的是烟草、糖料作物、茶叶、中药、牧草等，但以糖料作物的增产效果最好，其次为茶叶、蔬果。其中，河南省在大豆、花生上施用根瘤菌、固氮菌和复合菌肥，增产率在10%

以上，施用硅酸盐细菌菌剂一般可增产5%～10%（杨鹤同，2014）。

但是，生物肥料的反应时间和反应效率低于传统化学肥料，加上生物肥料的宣传推广不到位，以及农民对生物肥料的接纳度不高，因此在当前农业追求单位面积产量的目标导向下，生物肥料在全国肥料市场中所占的比例仍然偏低，传统肥料的使用仍占据主导地位（季凯文，2016）。目前，在我国农业生产中，传统化肥使用量占比达90%以上，而生物肥料的使用量占比不到10%。

三、生物兽药及疫苗

生物兽药是指包括生物制品在内的生物体的初级和次级代谢产物，或者生物体，生物体的组织、细胞、细胞分泌产物、体液等，是利用现代生物技术学原理和方法制造的一类用于预防、诊断和治疗动物疾病的兽用制品。目前，国内外生产的生物兽药产品主要有细胞因子制剂、新型生物抗菌药物、单克隆抗体、多克隆抗体、人工抗体、免疫球蛋白、动物用免疫增强剂、酶制剂、小肽制剂、多糖类、氨基酸类及动物用疫苗等。生物兽药生物活性高，防治效果好，能够抗病毒、抗细菌、抗氧化、抗应激、提高机体免疫力，具有毒副作用小、无药物残留、不易产生耐药性与绿色环保的特点。

我国生物兽药的研究与开发起步较晚，但近20年来研发与产业化发展速度加快，并取得了可喜的成绩。先后研制了针对口蹄疫、禽流感、狂犬病、猪瘟、猪伪狂犬病等重大动物疾病的单价及多价基因工程疫苗10种；创造了针对猪链球菌病、猪支原体肺炎、鸡白痢、鸡伤寒沙门氏菌病和禽大肠杆菌病的基因工程疫苗等9种；研制了针对血吸虫病、猪囊虫病、鸡球虫病、羊泰勒虫病等基因工程疫苗15种，已有6种批准生产上市。在新型生物兽药研发方面，以抗动物病毒、抗细菌、抗寄生虫为主要目标，研究开发了一批广谱高效、无毒副作用、低药物残留、不产生耐药性，具有保健预防、诊断与治疗作用的生物兽药，如动物用基因工程干扰素、白细胞介素-2、白细胞介素-4、转移因子、MHC-Ⅱ类分子、免疫球蛋白、免疫核糖核酸，以及生物抗菌新兽药抗菌肽、溶菌酶、细菌素和植物内生菌等（万遂如，2019）。

据中国动物保健品协会统计，2013年通过兽药生产质量管理规范（简称GMP）认证的兽用生物制品生产企业已达到72家，兽用生物制品产业年产值达到104.6亿元，市场销售额达到99.3亿元（季凯文，2017）。但是，从技术研发领域来看，我国兽用生物制品多为仿制产品或工艺改进型产品，而基因重组技术、基因工程技术、中药提取分离技术等新技术应用较少，在悬浮培养、抗原浓缩等一些关键技术领域尚未取得实质性突破（季凯文等，2014）。从产品剂型来看，在我国兽用生物制品中，产量最高的为分散剂、预混剂等传统剂型，而靶向制剂、透皮吸收剂等一些高科技剂型则十分缺乏。

四、生物饲料

2018年1月1日发布的《生物饲料产品分类》（T/CSWSL001—2018）将生物饲料定义为：使用《饲料原料目录》（2013）和《饲料添加剂品种目录（2013）》等国家相关法规允许使用的饲料原料和添加剂，通过发酵工程、酶工程、蛋白质工程和基因工程等生物工程技术开发的饲料产品总称，包括发酵饲料、酶解饲料、菌酶协同发酵饲料和生物饲料添加剂等（蔡辉益，2019）。生物饲料不仅能有效提高畜禽对饲料原料营养物质的消化吸收和利用，减少抗生素等对人体有害的饲料添加剂的使用，避免给环境带来危害，还能够缓解饲料原料供应紧张的情况，是对传统饲料的很好补充。

世界范围内开发的生物饲料品种很多，主要包括饲用酶制剂、饲用氨基酸、饲用维生素、益生素、饲用寡聚糖、植物天然提取物、生物活性寡肽、饲用生物色素、新型饲料蛋白、生物药物饲料添加剂（王格，2019）。我国是世界第二大饲料生产国，近年来，利用生物技术等手段，在生物饲料原料利用和生物饲料的研究与开发上取得了一批具有国际先进水平的重大成果。部分技术成熟的生物饲料产品已实现产业化生产，如中国农业科学院建立了快速、有效的特殊性质产酶天然菌的筛选、驯化系统，筛选出大量具有优良性能的饲用酶制剂，包括植酸酶、木聚糖酶、β-葡聚糖酶等，其中高表达的饲用植酸酶占据了国内80%以上的市场，取得了显著的经济和社会效益，为饲料用生物制品的推广应用和产业化发展提供了重要支撑（田尊明，2014）。

截至2012年年底，我国生物饲料添加剂总产量达76.8亿千克，总产值突破500亿元，生产生物酶制剂、益生素、植物提取物类饲料添加剂的企业超过1 000家。但是，由于生物饲料产业投入有限、源头创新能力不足，导致生物饲料研发的关键共性技术缺乏等原因，我国生物饲料产品品种少，产品结构不合理，产业化水平与发达国家相比还存在一定的差距（季凯文等，2017）。

五、生物农药

生物农药是指直接利用生物活体或生物代谢过程中产生的具有生物活性的物质，或从生物体内提取的物质，以及人工合成的与天然化合物结构相同的物质，作为防治农林作物病、虫、草、鼠害的农药（郭明程等，2019）。它具有高效低毒、无污染、无残留、不杀伤天敌、不易产生抗药性、于人畜安全及环境保护有利等优点，对农作物的生长和食品安全目标的实现能起到良好的促进作用。截至2019年3月底，我国生物化学农药共17余种有效成分，432个登记；微生物农药共22种有效成分，468个登记；植物源农药共11种有效成分，192个登记。

目前我国在水稻种植中使用枯草芽孢杆菌和春雷霉素防治稻瘟病，利用井冈霉素和申嗪霉素防治纹枯病，利用苏云金杆菌和短稳杆菌防治稻纵卷叶螟，以及利用阿维菌素防治二化螟。

但是总体来看，由于国家重视程度和各项扶持力度不够，加上生物农药产品在活性或毒性方面也有一定的缺陷，其市场接纳度明显不如传统农药，推广应用存在一定困境。大部分生产企业生产生物农药的同时，也生产化学农药，实现生物农药取代化学农药依然任重而道远。

第三节　现代制造技术

现代制造技术是以计算机技术为主，多方面管理技术为辅的一项新兴技术，对于我国制造业发展具有重要意义。现代制造技术已渗透到各个行业，成为现代经济发展不可或缺的一部分。在农业领域，先进制造技术主要应用在农业机械制造业和农产品加工业。

一、农业机械制造业

农业机械装备是提高农业生产效率、实现资源有效利用、推动农业可持续发展的不可或缺的工具，对保障国家粮食安全、促进农业增产增效、改变农民增收方式和推动农村发展起着非常重要的作用（工业和信息化部，2015）。从替代人畜力的机械化阶段，到以电控技术为基础实现自动化应用，目前农业机械装备正朝着以信息技术为核心的智能化与先进制造方向发展。现代制造技术在农业机械领域的应用主要表现在虚拟技术和数控机床技术上。

（一）虚拟技术

虚拟技术是随着计算机三维立体技术的发展而逐渐形成的一种现代化计算机技术，能够利用相关的计算机程序在虚拟世界中实现对物品的真实模拟，并且能运用相关的设备实现对虚拟资源的有效调整（胡忠保，2017）。虚拟技术在农业机械制造业中的应用主要分为两部分：虚拟装配技术和虚拟制造技术。

1. **虚拟装配技术**　虚拟装配技术是以产品及其零部件的三维实体模型为基础，借助虚拟现实技术在计算机上仿真装配操作的全过程，进行装配操作及其相关特性的分析，实现产品的装配规划和评价，制定合理的装配方案（李建广，2010）。

2. **虚拟制造技术**　在农业机械制造业中，对虚拟制造技术的应用主要是热加工技术。为了提高农业机械的制造加工水平，降低金属材料加工过程中出现的不必要的经济损失，可以将虚拟制造技术应用在热加工工艺的模拟中，来完成样机的物理工艺模拟和数据模拟。还可以对机械产品的形成流程进行有效的仿真模拟，不仅能减小金属材料加工的难度，还能优化农业机械产品的质量和性能，从而提高材料的使用效率和机械制造行业的经济效益。

（二）数控机床技术

数控机床技术采用自动控制技术和计算机技术，能够通过精准的变速、植入的进退刀、开停车和准确度的供给冷却液等方式完成加工所需要的步骤，改变了传统机床在加工中速度慢、精度低、难以制造复杂部件等缺点，能够显著提高农业机械零部件精度、产量和质量等，进而使农业机械本身的质量和产量也得到大幅提升。

二、农产品加工业

农产品加工业贯通工农、沟通城乡，行业覆盖面宽、产业关联度高，不仅与消费者生活息息相关，还推动了产业链整合、价值链提升和供应链重组，带动农民就业增收和实现农村兴旺发达，是产业融合的必然选择，也是农业现代化的重要标志，国民经济的重要支柱和建设健康中国、保障群众营养健康的重要民生产业（王云等，2018）。没有加工的农业永远是产品农业、弱势农业。习近平总书记强调，要发展农产品加工业，推动一二三产业融合发展。李克强总理指出，要鼓励发展农产品加工业，推进生产、加工、物流、营销等一体化发展，延伸价值链。

依托先进制造技术，目前，我国农产品加工由原来的以加工原料为主逐渐向专业化的方向转变，在农产品加工程度上也逐渐朝更为精深化的方向迈进，而在农产品加工能力上也在朝更加规模化、高水平的方向发展。并且，我国相关的农产品加工产品也在一定程度上实现了便利化以及功能化，更加符合社会需求，在对农产品的质量控制上也已经开始朝标准化、全面化的方向发展，生产和销售也不断朝着一体化以及集群化的方向努力（王泽华，2017）。2016年，我国规模以上农产品加工企业达到8.1万家，主营业务收入达到202 800亿元，实现利润总额13 000亿元。农产品加工业正成为农业和农村经济的战略性支柱产业、农业现代化的支撑力量。

广东新会利用陈皮打造了柑普茶、陈皮酒等100多个产品，首创了"陈皮银行""果树众筹"等陈皮金融模式。金乡县拥有大蒜储藏加工企业1 720多家，其中有自营进口权的企业340家，2016年出口额超100万美元的企业75家。全县年加工能力80万吨以上，有蒜油、蒜粉、蒜蓉、发酵黑蒜、硒蒜胶囊、大蒜多糖等深加工产品40多种，出口量占全国同类产品出口总量的70%以上。这些发展典型体现了农产品加工业从数量增长向质量提升转变、从要素驱动向创新驱动转变、从分散布局向集群发展转变的趋势。

第四节　新材料技术

随着我国农业发展不断加快，环境的污染与破坏也变得越来越严重，需要在农业生产中引入新的技术产品和发展理念，努力实现既能满足中国城乡居民在生活水准提高的基础上对高质量食物日益增长的需求，又能推动中国农业可持续发展，保护生态环境。新材料技术可以为农业生产提供新型保水材料和设施农业新材料，可以促进光、温、水、肥资源高效利用，提高农业资源的利用效率，实现农业可持续发展。

一、保水剂

保水剂（super absorbent polymers，SAP）又称土壤保水剂、高吸水性树脂，是一类具有超高吸水、保水能力的高分子聚合物。SAP不但吸水性、保水性极为优良，能够增强土壤持水能力，抑制土壤水分流失，大大增强抗旱效果，还具有改良土壤结构，降低土壤密度，提高土壤孔隙度，降低土壤pH，减少肥料养分的流失，促进植物生长发育等作用，在节水农林业和生态环境恢复中得到了广泛的应用（徐婉婷等，2015）。

多年以前，美国农业部的北方研究所发明了一种在土壤保水、促进种子发芽、提高发芽率方面有着显著性效果的吸水性树脂，命名为淀粉接枝丙烯腈皂化水解物（SGP）吸水性树脂。后来很多国家都在此方面进行了深入研究，研发了更多种类的吸水性树脂，并且这些吸水性树脂在农业上得到了广泛应用。例如：改良土壤和沙漠、植物生育促进剂、苗木移植保存剂及农药保持释放增效剂、温室及无土栽培等都利用到以超强吸水树脂为原料制作的保水剂（周依雪，2017）。

进入21世纪以后，由于受全球气候变化加剧、农业抗旱节水要求更高、生态环境治理力度加强等影响，SAP新产品研发和应用在农田土壤改良、城市绿化和荒坡造林、水土保持、边坡治理、矿区废弃地复垦以及新型保水肥料和环保型肥料研发等方面得到扩展，迎来SAP研发与应用第三次高潮，新型多功能SAP和复合材料不断涌现（黄占斌等，2015）。

目前，SAP按其原料和合成技术不同可分为三种类型。第一种为高分子聚合物类，例如聚丙烯酸钠、聚乙烯酸、聚乙烯酰胺类等。第二种为天然高分子改性类，例如改性羧甲基纤维素、纤维素接枝共聚类等。第三种为有机-无机复合类，是将黏土矿物与高分子树脂复合（李备，2016）。

二、功能性农膜

功能性农膜是以聚烯烃(PO)、低密度聚乙烯(LDPE)或聚氯乙烯（PVC）

树脂为主要原料，添加功能性助剂，经混合、挤出、吹塑工艺制成，对于作物增产、早熟及改善品质效果显著。目前主要以高耐候、高透光、长效流滴防雾及改善光质的多功能膜为研究热点（厉广辉等，2016）。

1. 耐候性农膜（耐候功能膜） 农膜的耐老化性是其他所有功能的前提。一般采用高分子量及支链较少的材料作为基础树脂，选择高效耐老化剂，使用多层共挤技术生产耐老化农膜，目前多采用共混树脂添加 mLLDPE（茂金属线型低密度聚乙烯）为基础树脂（厉广辉，2016）。国外采用无毒聚合型受阻胺作为主要的耐老化剂，但价格较高。

2. 转光膜 在农用膜中添加转光剂可将紫外光或黄绿光转换成光合作用所需的蓝紫光及红橙光，有利于增加叶片叶绿素的含量和叶片面积，促进作物生长。目前制备农用转光膜使用的转光剂主要有稀土无机转光剂、稀土有机转光剂、碱土金属硫化物和荧光染料转光剂等，使用的工艺主要有附染法、母料法、三层共挤法等。湖南师范大学研究院发明了两种新型绿转红转光剂（GTR）和一种新型单基双能转光剂(RBI)，获得自主知识产权。湖南昀亮新材料科技公司与湖南师范大学共同开发了生产无机转光剂(GBR、RBI和VTR)的工艺设备，装备自主化率达到百分之百，使得农膜用转光剂实现了量产，并走上品牌销售阶段，在农田应用效果良好（曹志强等，2016）。

3. 防雾无滴膜 普通棚膜内表面易凝结水滴，会引起作物病害，还会降低设施的透光率，限制设施栽培作物产量和品质的提高。20世纪90年代有人选择在EVA（乙烯-醋酸乙烯共聚物）基础树脂中添加流滴剂和消雾剂以造母粒，通过三层共挤吹塑技术研制出了防雾无滴膜。流滴剂由长碳链亲油基和亲水基构成的多种非离子型表面活性剂复配而成，其基本组分多为以脂肪酸多元醇、脂肪酸聚氧乙烷烷基胺等（王金雁，2008）。消雾剂主要有氟和硅表面活性剂。基础树脂、流滴剂、消雾剂及其他活性剂之间有"配合效应"，必须筛选出最佳流滴-消雾体系。由北京市化工研究院自行开发生产的GF-1减雾剂与FY系列、SPN系列流滴剂组成的流滴减雾体系有较明显的流滴减雾效果，可在棚膜生产中应用（陈宇，2000）。近年来，研究发现采用涂覆流滴、消雾助剂的方法可实现流滴持效期与膜耐老化性基本同步，并已开发出良好的外涂流滴、消雾体系（Han，2007）。目前，国内塑料大棚和日光温室使用的大都是防雾无滴膜。

三、可降解农膜

农膜自然降解速度缓慢，导致了农业生态环境的"白色污染"，造成土壤质量下降，降低了作物产量和品质。因此，开发可降解的环保型农膜是农膜行业发展的必然趋势。国内外已经研制出了一系列可降解农膜，主要包括以下几种。

1. 生物降解地膜　生物降解地膜是以完全生物降解塑料为主要材料，加入淀粉、纤维素等天然生物降解材料，或加入无环境危害的无机填充物、功能性小分子助剂等材料，采用吹塑、流延等工艺生产的农用地面覆盖薄膜（曹志强等，2016）。在自然条件下，由光照、温度、水分、氧、微生物等综合环境因素作用引起降解，在1～2个植物生长周期内，能够最终完全降解成二氧化碳或甲烷和水。生物降解地膜主要原料有天然生物质和石油基两类：天然生物质包括对淀粉、纤维素、甲壳素等原料进行改性、再合成的高分子化合物；石油基则主要包括二元酸二元醇共聚酯[聚丁二酸丁二醇酯（PBS）、聚己二酸对苯二甲酸丁二酯（PBAT）]、聚羟基烷酸酯（PHA）、聚己内酯（PCL）、聚羟基丁酸酯（PHB）、聚碳酸亚丙酯（PPC）等（薛颖昊等，2017）。

相关研究显示，生物降解地膜具有与普通PE地膜相似的增温保墒、抑制杂草等功能，并能彻底解决地膜用后的残留问题。

植物纤维农膜是以植物纤维作物为原料生产的农膜，可在自然环境中被微生物降解，生成有机废料，改善土壤结构和培肥地力。目前生产的植物纤维地膜有纸地膜、麻纤维地膜、草浆地膜等。日本和欧美国家已推广使用利用壳聚糖和植物纤维素生产的纸地膜。中国农科院麻类研究所于2004年成功研制出30克/米^{2}和40克/米^{2}的超薄环保型麻地膜产品，填补了国内空白，比国外同类产品成本更低、性能更优（易永建，2004）。

2. 多功能可降解液态地膜　多功能可降解液态地膜是以植物纤维、秸秆、壳聚糖等天然高分子材料为原料的新型液态农膜，能够完全降解，不会造成环境污染。喷洒地面后可形成特殊的土膜结构，抑制土表水分蒸发，提高土壤的持水保水能力。还可与土壤颗粒联结成团聚体，改良土壤团粒结构，促进植物生长。

最早在1963年，比利时根特大学DeBoot等与比利时Petrofina石油公司拉伯非纳(Labofina)研究中心合作，研制出沥青乳剂bitumen（BIT），但因其成本高，多用于土木工程。1990年意大利研发出一种液态的、天然高分子材料合成的可降解地膜，均匀喷洒在地面后成膜，渐渐替代了当时在农业和园艺业中普遍使用的塑料地膜，并于20世纪末在瑞典、德国和意大利被广泛应用于西红柿、芦笋、草莓、马铃薯和花卉等的种植，效果显著（张勇，2018）。我国液态地膜已发展到第五代，是以富含腐殖酸的风化煤为主要原料，添加活性剂、交联剂、除草剂等混合而成的多功能可降解黑色液态地膜，集农药、肥料和农膜功能于一身，具有可现场喷施造膜、可自然出苗、对地形地貌适应能力强等特点。目前已广泛应用于农业领域，涉及粮食作物、蔬菜、果类和药用作物等。武汉华丽生物股份有限公司生产的怡农全生物降解地膜，主要由植物纤维素、植物蛋白质以及淀粉等可再生资源制成，不但具备普通地膜的各项功能，而且在作物生长期过后可直接翻耕，不用再进行人工回收，已先后在根茎类、茄果类以及十字花科蔬菜上试用，均取得良好效果（山娜等，2017）。

第五节　新能源技术

新能源具有可再生、无污染、分布广等优点。目前，新能源主要有太阳能、风能、水能、生物质能、地热能等。这些新能源都已进入实用阶段，在农业上也具有广阔的应用前景和巨大的研究价值。新能源的开发利用不仅能为农村地区提供清洁能源，优化农村用能结构，还能够改善农村人居环境，成为重要的民生工程和新农村建设亮点工程。近年来，我国也开始重视推进农业和农村的节能减排事业。2016年国务院印发的《"十三五"节能减排综合工作方案》指出要推进农业、农村节能，发展节能农业大棚；因地制宜采用生物质能、太阳能、空气热能、浅层地热能等解决农房采暖、炊事、生活热水等用能需求，提升农村能源利用的清洁化水平；鼓励使用生物质可再生能源。目前在农业领域应用较广的是太阳能和生物质能，地热能和风能也有少量应用。

一、太阳能

太阳能是一种用之不竭的新能源，且对环境十分友好，是目前可再生能源中最易普及和推广使用的清洁能源。在全球能源日趋紧张和环境污染日趋严重的大环境下，太阳能成为节能减排的主力军。随着现代科技的不断发展，其在农业领域之中发挥的作用必然会越来越重要，而光伏发电是太阳能利用的主要形式之一。随着国家对新能源的重视和扶持，光伏应用市场逐渐增大，而光伏农业开创性地将光伏产品同现代农业的种植、养殖、灌溉、病虫害防治以及农业机械动力等相结合，并且应用形式越来越多样化，为光伏产业发展提供了新的平台。

光伏温室是集光伏发电、智能环境调控、现代高科技种植为一体的设施温室。通过将光伏组件与传统的温室设施有机结合，实现发电与种植双重收益效果。利用光伏温室开展设施农业生产，根据植物光饱和点不同，采用不同透光性的光伏组件或采用错位铺设，或采用其他结合类型，满足不同植物光合作用对光照的需求，实现"棚顶发电，棚下种植"，获得设施农业生产与光伏发电的双重收益，极大地提高土地利用率，是一种低碳、高效和可持续发展的产业模式（尚超等，2017）。

2012年年初，江苏徐州丰县的晖泽光伏能源项目正式并网发电，首日上网2.1万千瓦时。该项目总装机容量为23.8兆伏，是目前世界上单体最大的生态农业屋顶光伏发电项目。2016年5月，山东省商河县怀仁镇40兆瓦光伏发电机组正式并网发电，可实现持续运营25年，提供清洁电能12.5亿千瓦时。项目还引入牡丹、药用玫瑰等农业作物，年可增加收入超800万元。2017年6月，大唐灌云农光互补光伏一期10兆瓦项目成功并网发电。项目将光伏发电与生态种植有机结合，通过上方布置太阳能光伏方阵，下方种植各种适宜农作物的方式，有效提升土地立体综合利用效率，实现光伏发电和农业生产双赢，经济和社会效益显著。

光伏水泵又被称作太阳能动力水泵，是运用太阳能电池所发出的相应电力，使用高速开关磁阻电机以驱动水泵，把水从地下深处上提到地面上供农田灌溉或者供人畜加以饮用，更能够在没有其他能源的状况下机动而灵活地供农田灌溉（方玉强，2017）。也有将光能和风能两种能源互补利用的风光混合新能源增氧系统，将清洁能源转化成电能以驱动水泵，为养殖场水体增氧。光伏水泵与常见的柴油机抽水机比较，更加节能环保，经济优势突出。

太阳能在农业上应用广泛。例如太阳能杀虫灯，主要是运用太阳能电池板把阳光直转为电能，从而为杀虫灯提供能源，且安装方便，不需要架设常规电路。据统计，每台太阳能杀虫灯辐射面积能达到2公顷，使用寿命可达10年。光伏发电板能为蔬菜冷藏、大棚等提供足够的清洁能源，移动便利且节省了配套变压器等费用。除此以外，还有太阳能污水净化系统、农业用太阳能转光膜、农业用光伏玻璃、太阳能马灯、太阳能干燥器等多种产品。

二、生物质能

生物质是指由生物体产生的有机物质，包括植物、动物及其排泄物、有机垃圾与有机废水等，生物质能是指以生物质材料为来源的各种形式的可再生能源（俞卫东，2014）。生物质能是仅次于煤炭、石油和天然气而居于世界能源消费总量第四位的能源，在整个能源系统中占有重要地位。下面重点介绍农业废弃物的应用。

农业废弃物是指在农业生产过程中产生的除所需产品外的剩余物，主要包括植物类废弃物、动物类废弃物以及农村居民生活废弃物等。我国农业废弃物产量居世界首位，但有效利用率很低。全国每年产生畜禽粪污约38亿吨，综合利用率不足60%；每年产生秸秆近9亿吨，未利用的约2亿吨；每年使用农膜200多万吨，当季回收率不足三分之二。大量未处理利用的农业废弃物对农村生活环境造成了严重破坏，也是我国农业的重大污染源。农业废弃物作为生物质能源中重要的一部分，通过生物质能转换技术能将其转变成燃料物质。张海成等（2012）对2009年我国农业废弃物的产量和沼气转化潜力进行了估算。结果显示，2009年我国农作物秸秆、畜禽粪便、人粪的沼气产量合计为5 832.675亿立方米，相当于标准煤4.14亿吨。国内外实践表明，农业废弃物的无害化处理和资源化利用能够有效解决农业环境污染问题，有利于发展循环经济，助力我国实现低碳经济转型和农业绿色可持续发展。

随着科技的进步和人们环保意识的增强，农业废弃物的能源化利用逐步向高值化的清洁利用转变。目前高值化能源利用方式有沼气发酵、燃料乙醇、生物柴油、热解气等。其中，发酵产沼气技术是最典型的能源化利用方式（徐宇鹏等，2018）。

沼气是指有机物质在厌氧环境下通过微生物发酵而产生的一种可燃气体。农作物秸秆、禽畜粪便和日常生活的有机垃圾作为发酵原料放入沼气池发酵，产生的沼气供应农户日常生活所需能源，剩余的还可以发电（俞卫东，2014）。沼液、沼渣还可以作为绿色有机肥料用于农作物种植，减少化肥对土壤和水源的污染。截至2015年年底，全国户用沼气达到4 193.3万户，受益人口达2亿人；由中央和地方投资支持建成各类型沼气工程达到110 975处（中小型沼气工程103 898处，大型沼气工程6 737处，特大型沼气工程34处，工业废弃物沼气工程306处；以秸秆为主要原料的沼气工程有458处，以畜禽粪污为主要原料的沼气工程有110 517处）。全国农村沼气工程总池容达到1 892.58万立方米，年产沼气22.25亿立方米，供气户数达到209.18万户（国家发展改革委等，2017）。

商河国家农业科技园区立足循环农业发展模式，以大型沼气工程和水、肥、光、气一体化利用体系为纽带，辅以太阳能光伏发电，将种植业和养殖业融为一体，以资源高效利用和循环利用为核心，形成了"畜—沼—太阳能—蔬（果、林）"的循环经济产业链，成为了种、养、肥、源相互结合与转化的可持续发展的生态循环农业新园区，实现了资源利用最大化和环境污染最小化。

江苏生物质能利用主要集中在秸秆气化集中供气、秸秆发电、垃圾发电、沼气利用等方面。截至2010年，江苏省已建成秸秆发电项目60万千瓦，垃圾发电项目34万千瓦；建成并投入运行秸秆气化工程100处；已建成农村户用"一池三改"沼气工程近80万处，建设沼气生态村2 000个，发展形势良好。

参考文献 >>>

蔡辉益，2019. 中国生物饲料开发与应用研究进展[J]. 饲料与畜牧(4): 8-10.

曹志强，刘敏，2016. 我国农膜行业"十二·五"现状及"十三·五"发展规划[J]. 中国塑料，30(8): 1-10.

陈建伟，黄奇，康翠萍，等，2017. 姜堰现代农业产业园区物联网应用"四园一体"模式现状及发展对策[J].耕作与栽培(4): 55-56.

陈杰,杨俊,吴军辉,等,2018.农产品安全追溯系统发展现状与趋势[J].农学学报,8(9): 89-94.

陈宇,2000. PE、EVA流滴减雾棚膜的开发与应用[J].中国塑料,14(4): 1-10.

丁福庆,2018.现代制造技术在农业机械制造业中的应用[J].南方农机(1): 36.

方玉强,2017.试论新能源产业经济在农业领域中的应用[J].农村经济与科技,28(16): 159-160.

工业和信息化部,2015.《中国制造2025》农机装备领域解读[J].农机科技推广(6): 52-53.

郭明程,王晓军,苍涛,等,2019.我国生物源农药发展现状及对策建议[J].中国生物防治学报,35(5): 755-758.

胡忠保,2017.现代制造技术在农业机械制造业中的应用研究[J].农家参谋(20): 85.

黄挽疆,2016.生物技术在农业领域的应用[J].时代农机,43(1): 113, 115.

黄占斌,孙朋成,钟建,等,2015.高分子保水剂在土壤水肥保持和污染治理中的应用进展[J].农业工程学报,32(1): 125-131.

季凯文,2016.国外生物农业发展动态及其对我国的启示[J].江西科学,34(2): 257-261.

季凯文,孔凡斌,2014.中国生物农业上市公司技术效率测度及提升路径——基于三阶段DEA模型的分析[J].中国农村经济(8): 42-57.

季凯文,钟静婧,2017.我国生物农业发展的现实基础与路径选择[J].江苏农业科学,45(14): 1-4.

李备,李华耀,宋白雪,2016.保水剂研究进展及旱作农业发展新方向[J].农村经济与科技,27(19): 64-65.

李寒梅,唐勇军,王顺启,等,2018.抗菌肽鲎素的研究进展[J].生命科学研究,22(4): 338-344.

李建广,夏平均,2010.虚拟装配技术研究现状及其发展[J].航空制造技术(3): 34-38.

李瑾,郭美荣,冯献,2018.农业物联网产业发展分析与政策建议[J].科技导报,36(11): 45-53.

李奇峰,2019.生物农药应用现状及在无公害苹果生产中的使用效果[J].园艺园林(9): 49-50.

厉广辉,于继庆,魏永阳,2016.农用薄膜研发及应用研究进展[J].农业科技通讯(10): 24-27.

梁华东,何迅,巩细民,等,2015.我国新型肥料的现状及发展[J].化肥工业(10): 1-3, 39.

毛开云,陈大明,江洪波,2014.微生物肥料新品种研发及产业化发展态势分析[J].生物产业技术,3(5): 33-40.

农业部市场与经济信息司,2015.物联网技术实现大田"四情"精准监测和智能灌溉[J].

农业工程技术 (27): 24.

山娜, 张丽琴, 2017. 全生物降解, 农膜"绿色革命"进行时——访武汉华丽生物股份有限公司生物降解地膜项目组 [J]. 长江蔬菜 (14): 7-8.

尚超, 马长莲, 孙维拓, 等, 2017. 我国光伏设施园艺发展现状及趋势 [J]. 农业工程, 7(6): 52-56.

沈雯, 刘建岐, 张维新, 2017. 贺兰县"互联网+现代农业"发展情况的调研报告 [J]. 南方农机 (15): 84-85.

田尊明, 于建荣, 2014. 生物饲料产业发展态势分析 [J]. 生物产业技术, 5(9): 56-61.

万建民, 2010. 促进生物农业快速健康发展 [N]. 经济日报, 08-05(10).

万遂如, 2019. 关于我国生物兽药产业的发展问题 [J]. 养猪 (3): 93-96.

王格, 2019. 生物饲料在生态畜牧业中的现状及发展趋势 [J]. 现代畜牧兽医 (4): 53-58.

王金雁, 周立国, 张文建, 2008. 聚乙烯棚膜用流滴剂、消雾剂的研究现状和发展前景 [J]. 应用化工, 37(1): 97-100.

王元胜, 李瑜玲, 吴华瑞, 等, 2018. 农业园区全景 GIS 数字化系统设计与应用 [J]. 农业工程学报, 34(11): 143-149.

王云, 王姝, 王莹, 等, 2018. 天津市一二三产业融合发展概况与发展方向 [J]. 天津农林科技 (4): 27-28, 31.

王泽华, 2017. 我国农产品加工业发展趋势及建议 [J]. 中国农业信息 (7): 93-94.

魏斌, 毕研飞, 孙昊, 等, 2017. 江苏常熟国家农业科技园区设施园艺创新技术应用示范 [J]. 农业工程技术, 37(19): 81-85.

魏珣, 葛群, 洪登峰, 等, 2018. "十二五"时期我国现代农业技术研究进展 [J]. 中国农业科技导报, 20(1): 1-13.

温学萍, 俞凤娟, 张翔, 等, 2014. 农业物联网技术在宁夏设施农业中推广应用初探 [J]. 宁夏农林科技, 55(5): 13-14, 28.

熊本海, 杨振刚, 杨亮, 等, 2015. 中国畜牧业物联网技术应用研究进展 [J]. 农业工程学报, 31(增刊1): 237-246.

徐婉婷, 韩舒, 师庆东, 等, 2015. 不同保水剂在干旱环境下的基本性能对比研究 [J]. 节水灌溉 (8): 38-41, 44.

徐宇鹏, 朱洪光, 成潇伟, 等, 2018. 农业废弃物资源化利用产业进化与多产业联动研究 [J]. 中国农机化学报, 39(4): 90-94.

薛颖昊, 曹肆林, 徐志宇, 等, 2017. 地膜残留污染防控技术现状及发展趋势 [J]. 农业环境科学学报, 36(8): 1595-1600.

杨鹤同, 徐超, 赵桂华, 等, 2014. 微生物肥料在农林业上的应用 [J]. 安徽农业科学, 42(29): 10078-10080, 10082.

易永健,2004."环保型麻地膜的研制"课题通过农业部科技成果鉴定[J].中国麻业,26(3):10.

俞卫东,2014.新能源在农业上的应用研究[J].农业装备技术,40(5):7-10.

张海成,张婷婷,郭燕,等,2012.中国农业废弃物沼气化资源潜力评价[J].干旱地区农业研究,30(6):194-199.

张建华,吴建寨,王盛威,等,2015.农业信息化投入存在的问题及对策研究——以重庆市为例[J].中国农业科技导报,17(2):174-181.

张莉,2018.生物农业引领农业发展新前景[J].中国城市金融(2):66-68.

张勇,白秀梅,杜轶,2018.中国液态地膜的应用、研究与展望[J].中国农学通报,34(35):63-66.

赵领军,吴兵,赵艳,等,2016.农业物联网在农产品质量安全管理中的应用探讨——以山东省济南市为例[J].农产品质量与安全(3):67-71.

钟志宏,兰峰,管帮富,等,2016.物联网技术在江西现代农业示范园区的应用[J].现代园艺(10):75-77.

周依雪,2017.几种化学材料在农业生产中的应用[J].农业与技术,37(20):3-4.

HAN Y C, LEE S, AHN B H, et a1., 2007. Preparation of anti-fogging low density polyethylene film by using γ-irradiation[J]. Sensors and Actuators B: Chemical, 126(1): 266-270.

PART TWO 第二部分
案 例

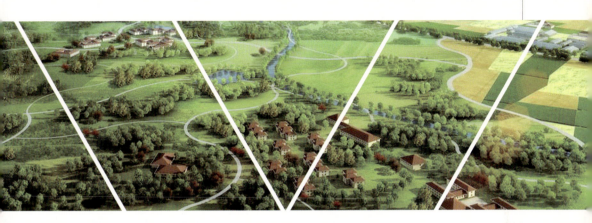

乌鲁木齐国家农业科技园区米东马场湖核心区总体规划(2016—2018)

第一节 基础现状分析

一、区位交通条件

米东区位于乌鲁木齐东北郊,距乌鲁木齐市中心城区15公里。东与阜康市相邻,西与昌吉市、五家渠市、乌鲁木齐县相依,南连乌鲁木齐达坂城区,北与福海县相接。距乌鲁木齐国际机场20公里;吐乌大高速公路、乌奎高速公路穿境而过。核心区马场湖村地处长山子镇东南角,位于乌鲁木齐市米东区城区以北7.5公里,距镇政府3公里,距区政府所在地8公里,米羊公路纵贯全村,是长山子镇交通条件最便利、区位优势最为突出的村落之一。

二、自然资源现状

米东区属暖温带大陆性干旱气候,无霜期长,温差大,降水稀少,湿度小,蒸发强,光热资源丰富,平均年日照时数为2 656小时,年辐射量为5 200 ~ 5 400兆焦/米^2。≥10℃积温为3 400 ~ 4 000℃,全年无霜期为150 ~ 180天,年平均降水量为320毫米。年平均气温为9℃。核心区所在地长山子镇地处于水磨河、乌鲁木齐河冲积平原。地形东南高西北低,地势较平坦。全镇耕地面积为58 750亩,人均耕地面积为1.89亩。

三、社会经济现状

米东区内常住人口约33万,有汉、回、哈萨克等32个民族,其中回族占总人口的26%。2014年地区生产总值为254.8亿元;地方财政收入为35.4亿元,其中，公共财政预算收入为25.2亿元；全社会固定资产投资达到173亿元；社会消费品零售总额为53.8亿元；城镇居民人均可支配收入达到23 755元；农牧民人均纯收入达到14 268元。

四、农业产业现状

米东区是乌鲁木齐市农业大区，全区耕地面积为28万亩，占乌鲁木齐市耕地的三分之二。近年来，米东区着力打造都市型现代农业，以发展高效、精品、生态农业为方向，目前已形成了优质稻米、无公害蔬菜、畜禽养殖、优质鲜食食用菌、苗木花卉、休闲观光农业六大基地。优质水稻种植面积达10万亩，稻蟹共作种养殖面积达5 000亩；蔬菜种植面积达6万亩，是乌鲁木齐市重要的"菜篮子"基地；食用菌栽培面积为400万平方米。建成了以华凌畜牧产业开发有限公司、新疆米全粮油购销有限公司为龙头的农副产品加工业，其中，"米全"牌大米已获国家绿色食品认证。此外，米东区大力推进都市休闲农业发展。目前已经形成了以东道海子沙漠休闲农业、天山牧区哈萨克民俗文化、峡门子农家休闲度假、塞外稻乡风情、城郊田园农庄等为主的休闲产业带发展格局，其中峡门子旅游区为新疆唯一一家国家级农业旅游观光示范区。截止到2014年10月底，米东区共有各类农（牧）家乐295家，星级农家乐20家。接待游客数为110万人次，旅游收入达到2.3亿元。

五、园区建设现状

乌鲁木齐国家农业科技园区米东马场湖核心区（南区）主要分为两部分。一部分为工业厂房，目前已基本停产，下一步将根据规划要求直接转为农业企业或拆迁重建；另一部分为新疆瑞新恒泰农业科技有限责任公司建设的现代农业科技示范园。截至2015年年底，建有育苗温室12座25亩，标准化热镀锌大棚43座30亩及一座占地面积1 500平方米的保鲜库，还建有科研培训楼等设施，农产品配送中心正处于规划建设阶段。

园区核心区（北区）主要是食用菌菌种生产车间和农户传统土窑食用菌生产车间，主要经营食用菌高效农业栽培示范推广，引领带动农户500户。道路等基础设施有待完善，食用菌生产现代化水平也有待进一步提升。

六、SWOT（态势分析法）战略分析

1. 优势

（1）优越的农业发展条件 米东区是乌鲁木齐的农业大区，全区耕地28万亩，占乌鲁木齐市耕地的三分之二，农业发展基础良好。米东区近年来着力打造都市现代农业，发展高效、精品、生态农业，与其他地区相比，具有显著

的农业产业基础优势和发展现代农业条件。

（2）良好的区位条件　米东区位于乌鲁木齐近郊，开车到中心城区、国际机场、地方政府的时间都在半小时之内。米东区内有两条高速公路，园区核心区内又有米羊公路等干道，区位和交通优势明显，具有发展都市休闲农业的良好条件。

（3）核心区科技支撑基础良好，建设用地空间充足　核心区已初步承担了面向全区的蔬菜和食用菌品种、技术、仓储、科技孵化等科技服务功能。同时，核心区与原长山子镇工业园部分叠加，工业和建设用地较多，建设空间充足。

（4）政府高度重视，科技合作较多　乌鲁木齐及米东区政府高度关注园区建设工作，多次召开专题会议，研究园区建设发展的相关问题，并专程赴相关园区调研、学习，为园区发展探路。同时，与中国科学院新疆分院、新疆农科院、新疆农业大学、新疆林科院等多家科研院所开展了技术合作。

2.劣势

（1）农业现代化水平不高　米东区农业已建成六大主导产业基地，但仍以传统农业生产为主，缺乏新技术、新产品和新模式的应用。设施蔬菜建设处于起步阶段，日光温室、大棚等农业基础设施建设科技含量较低，缺乏农业物联网等现代技术的应用；食用菌产业缺乏工厂化生产车间，农户更是以落后的土棚生产为主；花卉苗木种植以传统粗放种植为主，且主要为常规品种；畜牧养殖基地现代设施的技术水平也有待提高。

（2）农产品市场销售渠道有待拓宽　除部分品牌大米有订单销售、互联网销售等新型销售模式外，米东区农产品大多数以传统的销售模式为主。近年来，米东区虽然大力支持设施蔬菜生产，但在销售时仍以传统菜贩子收购为主，容易受市场的影响而损害菜农和企业的利益。拓宽农产品市场销售渠道迫在眉睫。

（3）缺乏品牌体系引领　虽然米东区的大米、蔬菜、食用菌等农产品企业开展了一些品牌建设工作，取得了一些成绩，但是米东区区域品牌建设、企业品牌建设、产品品牌建设的体系尚未构建，缺乏整体策划与宣传，尚未形成区域农产品整体优势，未能有效提升米东区农产品附加值。

（4）基础设施建设滞后，拆迁量大　核心区位于原长山子镇工业园，道路、给水、电力、电信等设施比较完善，但排水及供热建设严重滞后。同时，核心区内数十家企业及部分村民住宅需要拆迁，工作量较大。

3.机遇

（1）乌鲁木齐国家农业科技园区建设引擎米东现代农业发展　农业科技园区是农业技术组装集成、科技成果转化及现代农业生产的示范载体，既是农业新技术开发、转化、推广的重要基地，也是新型产业培育和农村科技服务的主要平台。乌鲁木齐国家农业科技园区的建设为米东区的现代农业提供了发展引擎，通过农业科技研发、大数据信息服务和统一品牌的引领带动，促进米东区农业生产的智能化、标准化和绿色化及农产品加工的高效化和市场化，促进农民增收、农业增效，加快农业由数量规模型向质量效益型转变、由粗放经营向集约经营转变，实现米东区现代农业的快速发展。

（2）"丝绸之路经济带"建设激发商贸物流业聚集发展 "丝绸之路经济带"是2013年9月中国国家主席习近平在出访中亚期间提出的，是我国根据区域经济一体化和经济全球化的新形势提出的跨区域经济合作的创新模式，是新时代对古老丝绸之路的复兴计划。将丝绸之路从交通通道提升为经济发展带，不仅丰富了新丝绸之路的内涵，还具有极其重大的现实意义。通过新的技术条件对古老的交通通道进行复兴与拓展，在更广阔的区域内把资源与市场串联起来，有利于促进贸易、繁荣经济，更有利于东西文明的交流与融合。新疆作为"丝绸之路经济带核心区"，在"丝绸之路经济带"建设中具有重要的战略位置，目标是要建设成为"丝绸之路经济带"上重要的交通枢纽、商贸物流和文化科教中心。因此，要以建设"丝绸之路经济带"为契机，大力推动商贸物流业的集聚发展，为园区主导产业发展提供支撑。

（3）绿色健康食品消费需求日益迫切 近年来，我国经济持续发展、城镇化快速推进，居民收入稳定增长，生活水平和健康意识不断提高，这为消费升级创造了条件。而生态环境、食品安全等问题日益突出，使得消费者对高端农产品、安全品牌农产品的消费需求不断加大，从而推动了绿色健康食品消费升级，催生了绿色食品的发展，这为米东区优质农产品优化升级和拓展销售范围提供了良好契机。

（4）农业的多功能发展需求 传统农业的功能主要体现在食品的供给和工业原材料的供给上。但经济社会的发展赋予了农业更多的功能，农业在国民经济中的基础地位不断提升，内涵不断丰富，发挥农业多功能性是推进现代农业建设的必然选择，是实现农业可持续发展的客观要求。米东区致力于发展都市现代农业，势必要发挥农业的生产、生活、生态、示范等多种功能。除了要巩固和强化农业的安全保障、健康营养、原料供给和就业增收等功能，农业的生态保护、观光休闲、文化传承等功能也要得到充分彰显。通过园区建设，促进农业的多种功能融合发展，并将依托园区充分发挥农业的示范功能。

（5）"互联网+"时代缩短物理距离和发展差距 "互联网+"时代是利用信息通信技术和互联网平台，让互联网与传统行业进行深度融合，创造新的发展生态的时代。其最显著的特点就是以用户为中心，突出用户的主体地位，充分发挥互联网在社会资源配置中的优化和集成作用，将互联网的创新成果深度融合于经济、社会各领域之中，提升全社会的创新力和生产力，形成更广泛的以互联网为基础设施和实现工具的经济发展新形态。应加快完善米东区新型农业生产经营体系，培育多样化农业互联网管理服务模式，逐步建立农副产品、农资质量安全追溯体系，促进米东区农业现代化水平明显提升。

4.挑战

（1）探索差异化发展路径的挑战　新疆目前共有十三家农业科技园区，区域之间的资源条件较为相似。在规划过程中，如何全面分析资源优势，挖掘亮点，避免产品的同质化和市场冲突，实现共赢发展是园区发展必须面对的问题。需要深入挖掘园区自身独有的个性和特色，如园区区位、交通、资源、产业、历史、文化等方面的独特禀赋，以此确立与众不同的发展定位、产业定位、空间定位和价值定位等，谋求"差异化"发展，提升园区竞争力，破解园区发展瓶颈。

（2）探索可持续运行管理机制的挑战　农业科技园区是农业技术组装集成、科技成果转化及现代农业生产的示范载体。如何有效聚集和转化利用技术、资金、人才等各类资源，优化配置生产力要素，充分发挥其引领示范功能，同时不断创造利益，以内生动力推动园区可持续运行是园区发展面临的重大挑战，需要探索适合本园区的发展模式和管理机制。

第二节　目标定位

一、总体思路

在现代农业发展中，研发、生产和品牌营销构成了三大支撑点，研发和品牌营销环节附加值高、生产环节附加值低，大体呈V形，就像人微笑时，被称为农业"微笑曲线"。乌鲁木齐国家农业科技园区米东马场湖核心区在国家"互联网+"的大背景下，应围绕"微笑曲线"的两端，重视科技研发，提升农业生产水平，让有限的土地增值；打造米东农产品公共品牌，提升产品的附加值，寻求农产品溢价效应；大力发展农业服务业，提供信息、农机、植保和测土配方等生产性服务，发展休闲旅游业，让农民享"三产"收益；建设农产品电子商务平台，为农产品营销服务，弥补农业产业短板。通过现代服务业引领带动米东现代农业跨越式发展。

二、功能定位

将乌鲁木齐国家农业科技园区米东马场湖核心区总体定位为科技引领、文化搭台、智慧服务、品牌提升的现代农业科技园区和都市农业主题公园。

一方面，重视核心区在科技引领、文化传播、智慧信息、"互联网＋农业"和品牌提升等方面的现代服务功能，引领带动核心区、示范区及整个米东区现代农业产业的发展。另一方面按照都市农业主题公园的理念和要求进行园区的整体景观和休闲设施打造，将园区建设成为西北地区具有都市智慧农业特色的农业科技园区和农业主题公园，主要实现现代农业科技信息引领、都市农业科普休闲、"互联网＋交易配送"和公共品牌打造等功能。

三、建设目标

乌鲁木齐国家农业科技园区注重科技创新、产业培育和产业服务，依照"立足都市、服务全疆、带动周边"的总体要求，构建具有农业科技创新能力、产业带动和辐射能力的国家农业科技园区核心区。经过3～5年的时间，将米东核心区打造成为提供科技示范服务、互联网商贸配送服务、品牌打造服务、创业孵化服务、农业休闲体验等现代农业智慧服务的特色科技园区，建设成为区域现代农业先导区、品牌农业引领区和智慧农业示范区，切实带动米东区乃至整个乌鲁木齐市的现代农业发展。

第三节　功能布局与建设内容

乌鲁木齐国家农业科技园区米东马场湖核心区位于长山子镇马场湖村南侧，总占地1 593亩。按照功能明确、结构清晰、动静分离、系统优化、内外交通便捷、各阶段配合协调、留有发展余地的布局原则，将核心区划分为"一心两轴六片区"（图5-1）。

一心：即农业科技研发孵化中心，主要承担产业化科技研发、展示推广、信息和培训功能。在建设过程中，特色建筑、特色景观的建设，营造具有地域文化特色整体氛围，将"一心"打造成国家农业科技园区对外的形象窗口。

两轴：即串联太空农业体验区、预留发展区、农业科技研发孵化中心、"互联网＋农业"加工集散区、都市现代农业展示引领区的南北向发展轴和串联智慧农业试验示范区、农业科技研发孵化中心、太空农业体验区、"互联网＋农业"加工集散区、预留发展区的东西向轴线发展轴。

六片区：包括太空农业体验区、智慧农业试验示范区、都市现代农业展示引领区、"互联网＋农业"加工集散区和预留发展区（2个）。太空农业体验区主要建设有太空农业体验馆和太空品种种植农庄，实现太空农业休闲体验和太空品种种植示范等功能。智慧农业试验示范区主要示范智能灌溉、变量施肥、变量喷药、自动导航等大田智慧农业技术，带动米东资源节约型现代农业的发展，同时为农业科技研发孵化中心提供试验用地。都市现代农业展示引领区重点实现设施农业技术、品种、模式展示示范，农业文化科普体验，新奇特农产品展示，都市农业体验，农业景观休闲观光，农业会展服务等。"互联网＋农业"加工集散区主要功能包括为米东生产的蔬果和食用菌进行统一公共品牌的加工包装，为米东特色蔬果、食用菌、畜禽产品、优质米提供电子商务销售服务及配套的冷链仓储物流配送服务，延长米东农业主导产业链条。预留发展区现主要为农田，后期将根据园区发展需要，结合园区总体定位进行休闲农庄、花儿小院等相关建设。

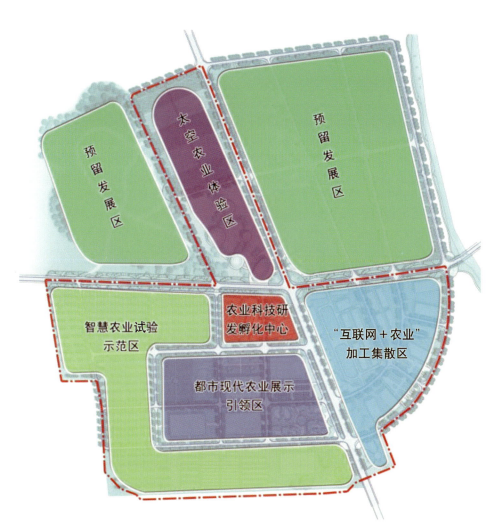

图5-1　乌鲁木齐国家农业科技园区米东马场湖核心区功能分区图

第四节　工程项目

一、科技创新服务工程

1.农业科技综合服务中心建设项目　建设农业科技研发孵化大楼，依托乌鲁木齐市科研力量，研究共建机制，引进发达地区科研力量和科技资源，推进技术研发、服务创新、成果转化和人才培养，提升园区整体科研水平和科技服务能力，主要实现科技研发、现代农业服务、园区管理服务等功能。

2.农业科技创新孵化中心建设项目　在农业科技研发孵化大楼内，为初创型农业科技企业和创业人员等提供研发实验室、工艺设计中心、科技成果展示交易大厅、打印室、茶水间等公共服务设施以及办公场所，同时提供科技咨询、创业培训、业务办理、金融服务等一站式配套服务。

3.农业"星创天地"创建项目　以园区科技创新孵化中心和电子商务平台为载体，为农业科技特派员、农村中小微企业、返乡农民工、大学生等提供创意创业空间、创业实训基地，将众创空间引向农业、农村，完善农村"大众创业、万众创新"的有效机制和模式。

二、"互联网＋农业"建设工程

1.农产品电子商务平台建设项目　建设电子商务大楼，配套接待、住宿、管理、商务办公区，建设电子商务平台，实现各层级会员管理，供应商商品发布，承销商在线下单交易、订单结算、交易管理、担保授信等全程电子商务管理。

2.农产品加工包装项目　建设蔬菜及食用菌分级、包装初加工车间，对米东区蔬菜和食用菌进行统一的品牌设计、包装和配送，打造高标准、规范化、特色化的精品农产品。

3.农产品质量追溯系统建设项目　在园区配套应用农产品质量追溯系统。充分利用物联网技术，在生产、仓储、加工、物流等环节实现智慧化、信息化的基础上，将各环节传感器数据、管理时间、农事活动、农资农情等具体信息数据汇总到农产品安全生产管理系统，既方便种植过程中的信息管理，又能为农产品质量追溯系统提供数据支撑。

4.农产品冷链仓储物流项目　建设米东特色农产品冷链物流系统。主要包括停车场3 000平方米、低温冷藏（冷冻）仓储库3 000平方米、配送分发中心500平方米、冷链运输车辆、冷链设备监控系统等设施设备。

5.农产品展示交易项目　在电子商务大楼内建设产品展示中心，配备展台、货架、电子屏、展板、宣传手册等展示设施设备，集中展示米东区稻米、无公害蔬菜、食用菌、畜禽产品等特色品牌农产品，促进米东农产品销售。

6.**农产品质量安全检测中心建设项目**　在电子商务大楼内建设检测中心，对稻米、蔬菜、畜禽产品、食用菌等农产品进行质量安全检测，同时对饲料及饲料添加剂、化肥、兽药等农业投入品的使用情况进行监测，并对生产环境包括土壤、空气、水源等进行监测，从源头保障农产品质量安全。

7.**品牌建设推广项目**　对产品品牌logo（商标）、产品包装进行文化创意和科技创意设计，提升产品品位，统一设计、打造米东特色农畜产品品牌1～3个。加强米东特色农产品的宣传，大力提升知名度，促进产品对外销售。促进产业化经营和标准化生产，提升产品品质。

三、智慧农业建设工程

1.**设施农业物联网技术装备示范项目**　在智能温室和部分日光温室集成温室环境信息监测控制、精准施肥喷药、节水灌溉等设施农业现代技术装备，开展现代设施栽培模式示范。

2.**大田农业物联网技术装备示范项目**　在大田农业生产各环节融合现代农业信息化管理技术和智能化设施装备，实现园区农业生产智慧化提升。项目包括农田信息采集管理系统、智能化农机及其配套系统等。

3.**农业资源信息化管理平台建设项目**　建设核心控制中心，实现管理信息化。项目包括硬件建设和园区信息化管理平台建设等。

4.**乡村旅游综合信息服务系统建设项目**　对乡村旅游信息数据进行采集、提取、集成和综合分析，构建一个综合信息服务的网络系统，满足游客、管理者和旅游企业对数据个性化的需求。

四、都市现代农业展示示范工程

1.**现代农业科技文化博览馆建设项目**　建设智能温室，打造文化博览馆。主要功能区包括现代农业装备展区、米东农业文化主题厅、新疆风情特色农业主题厅、丝绸之路农业风情厅、创意农业厅等展区以及现代农业科技互动虚拟展示体验区。

2.**生态餐厅建设项目**　建设智能温室一栋，作为生态餐厅，为园区游览观光人员提供特色餐饮服务。

3.**都市农业休闲体验项目**　建设智能温室一栋，分为两个区域：一部分进行新奇特蔬果、南果北种试验示范；另一部分主要开展花卉种球、种子繁育和盆花栽培示范，引领米东区花卉产业发展，同时引进示范无土栽培、立体栽培等城市农业种植模式，促进米东乃至乌鲁木齐市城市农业的发展。

4. **农业会展与试验项目**　建设智能温室一栋和露天展示广场，定期举办主题农业展会，内容涵盖农资、特色农产品、创意农产品、农业设施装备、园艺资材等。非展会期间可供园区科研院所或企业研发人员开展设施种植试验。

5. **农业景观建设项目**　种植10亩水稻，展示稻田养蟹生态循环模式，使游人可以在都市现代农业展示引领区欣赏到稻田景观；建设瓜类等特色作物种植园，打造独特的露地农业景观；建设占地面积为5 000平方米的植物迷宫供游客游玩体验；打造不同类型的花境、花海景观，整体营造优美的休闲体验环境。

6. **食用菌产业提升项目**　引进猴头菇、毛头鬼伞（俗称"鸡腿菇"）、白灵菇、杏鲍菇、姬松茸等珍贵品种进行试验示范。建设食用菌工厂化生产车间，开展食用菌标准化生产。尝试发展食用菌干制加工等初加工，引进食用菌功能食品类加工等精深加工项目，延长食用菌产业链条。

7. **太空农业体验项目**　建设太空农业博览馆，进行太空育种成果展示，通过展板、多媒体、实物等形式展示世界上和我国太空育种发展的历史及成果。建设太空品种种植基地50亩，主要进行航天育种品种种植示范。

五、配套服务和基础设施建设工程

1. **乡村旅游与园区配套服务区建设项目**　建设游客综合服务中心，为游客提供旅游接待、导游等服务。建设配套餐饮购物区，为游客和园区工作人员提供餐饮、购物等服务。

2. **道路及园区绿化建设项目**　依据规划中的道路规划进行园区路网建设，包括周边公路、园区内部各级游览路和生产道。进行一般绿化工作，包括道路两旁、建筑周边及分隔带内栽植树木、花草以及护路林等。

3. **市政设施建设项目**　建设并完善给排水、供热、燃气、环卫、电力电信等设施。

北京房山国家农业科技园区
总体规划（2016—2018）

第一节　园区概况

一、地理区位条件

北京房山国家农业科技园区位于北京市房山区，京原、京九、京广、京石等铁路穿境而过，107国道、108国道、京港澳高速、京昆高速、长周路、京良路连接区内外，轨道交通房山线20分钟直达市中心，交通便利。园区紧邻京港澳高速公路琉璃河环岛出口，距北京市区约38公里，距首都第二机场仅16公里。随着京津冀一体化上升为国家战略，房山区作为京保石发展轴上的重要节点，将受益于京郊城市化进程加速及首都各项功能外溢，区域战略价值大幅攀升。核心区所在的琉璃河镇是北京市重点发展的42个小城镇之一，政府补贴加大，政策扶植力度加强，大力推进农业现代化，农业及大健康产业机遇巨大。

二、自然资源现状

房山区为温带大陆性气候，年平均气温为11.9℃，年平均降水量为582.8毫米，年平均无霜期为202天。处于华北平原与太行山交界地带，西部和北部是山地、丘陵，约占全区总面积的三分之二，东部和南部为沃野平原。最高峰是百花山的白草畔，海拔为2 035米；最低处海拔为26米。境内有大小河流13条。土壤类型以褐土为主，占全区耕地土壤面积的51%。2014年耕地面积为15.6万亩。全区林木覆盖率达53.56%，生态环境良好。琉璃河镇土地肥沃、地势平坦、面积广阔，有利于发展各类农业产业项目。历史文化底蕴深厚，共有文物保护单位328处，其中国家级重点文物保护单位9处。

拥有十渡风景名胜区、白草畔自然风景区、上方山国家森林公园等众多自然景观，旅游资源丰富。

三、社会经济条件

2015年，地区生产总值为550亿元。全社会固定资产投资为530亿元。区域税收为247亿元。公共财政预算收入为50.02亿元。全社会固定资产投资累计超过2 400亿元，大幅超额完成1 500亿元的规划目标。社会消费品零售总额超过230亿元。城镇居民和农村居民人均可支配收入分别为36 317元和19 161元。万元地区生产总值能耗下降至1.65吨标准煤左右。科技创新、金融创新、文化创新正在成为新动力。三次产业结构由2010年的"3.9 ∶ 64 ∶ 32.1"调整为2015年的"2.4 ∶ 53.6 ∶ 44"。

四、科技支撑条件

房山区科技资源呈现集聚态势。2015年，科技活动人员达到43 000人，其中高端科技人才107人（包括两院院士27名，千人计划人才7人，长江学者奖励计划人才27人）。拥有驻区高校12家，国家级科研机构15家，市级科研机构14家。对接国家和北京市重大科技计划，组织实施科技项目，取得一批有重要影响的创新成果和科技产业化成果。"十二五"期间，共组织实施国家级和市级科技项目124项，争取科技资金共计19 511.05万元。园区正与中国农业科学院、中国农业大学、国家农业信息化工程技术研究中心、瓦赫宁根大学及研究中心等密切合作，致力于搭建智慧、健康产业创新研发平台。

五、园区建设基础与发展现状

基础设施：中粮智慧农场的核心部分——智慧农业中心已建设完成，由七座智能连栋温室组成（温室群），总建筑面积达3.2万平方米。健康生态科技园启动示范区地块占地约248亩，规划建筑面积为17.9万平方米，项目分三期开发。

创新研发平台：以智能农业技术为核心，集智能化、工厂化、自动化于一体的智能设施农业创新平台。采用中央控制室精准环境控制系统、精准水肥一体化系统，实现构建国内最完善的物联网体系，体现最先进的现代农业种植技术。园区还与国内外多家高等院校及科研机构合作，构建智慧、健康产业创新研发平台，将为农业科技研发、技术成果转化、高端农产品生产提供良好的科技和智力支撑。

企业聚集和创新转化能力：园区已经吸引了中粮集团等一批大中型企业，且很多企业具有明显投资意向，如中粮营养健康研究院、中英人寿保险有限公司等企业已经表达了入园意愿。中粮智慧农场坚持"农业科技高精尖"，以智能农业技术为核心，应用荷兰、以色列、日本、丹麦等国家的先进农业技术和设备，运用新能源、节水农业、循环农业等新技术，开展世界水平的高科技农业技术展示示范，加快中国农业技术发展。

农业科技特派员：建立了首席专家负责制、岗位技术指导员包村联户责任制、岗位技术指导员考核制度和岗位技术指导员培训制度四项制度；围绕主导产业，累计推广100余个新品种、40余项新技术，培训农民2万多人次，经济和社会效益明显。邀请专家充分利用田间学校、创新团队等农业科技项目的优势资源，多形式、多途径地对农业科技特派员开展农业实用技术培训，切实提高农业科技特派员的服务水平。

信息化电商平台：通过实施"221行动计划""田间学校""创新团队"等一批农业科技项目，实现了精准农业、远程教育等现代信息技术进村入户；开通了12316农业服务热线，搭建了移动农网信息平台，致力于实现信息化应用全覆盖。重点打造电子商务销售及服务平台，包括智慧景区App、门户网站、微信、微博等推广服务平台，并协同其他电商平台，通过线上、线下渠道，满足不同客户的消费需求，提供高品质的服务。

第二节 园区建设的原则、思路与目标

一、发展原则

1.**智慧引领，生态节约** 充分发挥科技作用，智慧引领农业生产和园区建设管理，实现水、土地等宝贵资源的节约，大力发展资源节约型农业，同时减少向外排放废弃物，发展生态农业，整体带动智慧农业、智慧社区和智慧园区建设，开启生态宜居智慧新生活。

2.**创新驱动，成果转化** 以创新驱动发展为核心战略，大力推进"大众创业、万众创新"。推动科技创新，重点是增强自主创新能力，促进科技成果转化，充分发挥科技对经济建设和产业发展的支撑引领作用，加快实现创新驱动发展。

3.**产业增效，农民增收** 加强农业新品种、新技术和新装备的引进和研发力度，通过示范推广、技术服务、模式服务等形式，大力发展标准化、专业化和高效化生产，实现主导产业提质增效，带动园区农民增收。

4.**以点带面，辐射推广** 坚持以科技创新为支撑，提升园区核心区的综合实力，推动核心区科技成果与区域产业链需求的有效对接，以点带面，将核心区技术模式辐射推广到示范区和辐射区，带动房山区农业产业升级和新兴产

业发展，实现产业互动支撑，达到整体效益的最大化。

二、建设思路

园区确立了"农业先行，产业引领，智慧宜居"的开发思路，充分整合中粮集团全产业链优势，通过主导区域经营、打造区域环境、引领区域经济、树立区域形象，使智慧农场、健康生态科技园、电子商务园和智慧小镇共同构成有机统一的系统，相互协同，提升价值。

农业先行是指充分发挥中粮集团在农业领域的优势与示范带动作用，促进农业科技成果落地，促进节能减排，推动农业可持续发展，力争使园区成为国际农业技术交流窗口和北京都市型现代农业在郊区的新名片。产业引领是指园区通过引进都市现代农业和产业，带动一批知名企业入驻项目，促进当地经济发展，带动区域产业升级，并解决部分农民就业。智慧宜居是指利用新一代信息技术，积极改善区域环境，打造智慧生态空间，并提供高质量的教育、高水平的医疗养老设施等生活配套，注重生态环保、推动城乡统筹，探索解决城乡统筹和"三农"问题的有效模式。

三、总体目标

围绕北京都市型现代农业生产、生活、生态、示范四大功能，以生态、健康、智慧为核心，按照集聚高端技术、高端产业、高端客户、高端人才的要求，以全产业链服务为手段，将园区打造成为立足京西南、带动京津冀、服务全中国的智慧农业示范之地，健康产业科技研发和总部基地，国内外农业高科技人才聚集地和统筹解决"三农"问题的示范样板。

第三节　园区的布局与功能规划

一、核心区

核心区为中国北京农业生态谷，位于房山区琉璃河镇，总面积为1.72万亩，重点建设"一场两园一镇"（图6-1）。

"一场"即中粮智慧农场，位于生态谷中心区域，总面积为750亩，着力打造世界领先的、有商业模式的、可复制的现代都市农业示范中心，打造中国第一个世界级生态农场。重点建设"一心六园"。"一心"为智慧农业中心，"六园"为都市休闲农业示范园、多样新品种新技术试验园、市民农场试验园、农耕文化休闲体验园、蔬菜新品种试验园、葡萄种植改良试验园。

"两园"即健康生态科技园和电子商务园。健康生态科技园以农业科技和健康产业作为主导产业，坚持产业带动，打造产业特色鲜明、创新产品领先、创新人才汇聚的集科技研发创新、产业培育孵化、公共服务、生活配套和高品质生态空间于一体的高端服务与创新平台，成为房山南部产业发展的新引擎。电子商务园规划总建筑面积为18万平方米，项目定位为打造高端电子商务模式。

"一镇"即智慧小镇，依托中粮智慧农场及健康生态科技园，充分借助互联网、物联网等新一代信息技术的集成应用，将农业与养生养老文化有机融合，营造安全、舒适、便利的现代化、智慧化生活环境，打造北京和谐宜居之都在郊区的样板。

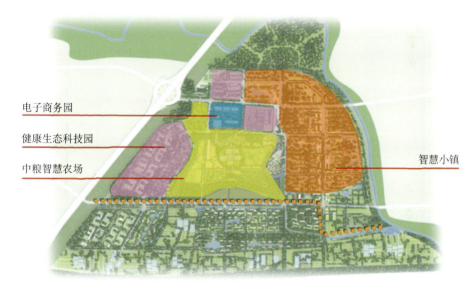

图6-1　北京房山国家农业科技园区核心区功能分区图

二、示范区

示范区包括北京市房山区琉璃河、窦店、石楼、良乡、长阳、城关、阎村、韩村河、长沟、青龙湖、十渡、张坊、大石窝、蒲洼14个乡（镇、街道），面积约1 450平方公里。依据主导产业不同，划分为设施蔬菜（食用菌）产业示范区、葡萄酒产业示范区和都市休闲农业示范区。作为核心区农业高新技术的直接载体，对核心区研发、引进的设施果蔬、食用菌等产业的新品种、新技术，智慧农业新技术及休闲农业和健康产业的新模式进行示范。借力核心区全产业链服务平台，促进示范区农业产业向智慧化、生态化、高效化发展。

三、辐射区

辐射区包括北京市房山区其他乡镇、门头沟区、大兴区以及河北省廊坊、保定等地区，面积约2万平方公里。作为园区技术、模式辐射扩散的目标区域和产业化发展的最终目标，主要功能是承接熟化的现代农业和健康产业新品种、新技术、新模式。通过核心区和示范区的研发、展示、示范、培训，将熟化的现代农业和健康产业技术模式，推广至辐射区，进而辐射更大区域，提升和引领整个京津冀区域乃至全国健康产业的发展水平。探索和总结可复制的生态谷统筹发展模式，为其他地区发展都市农业和解决"三农"问题提供有益参考。

第四节　园区建设的主要任务

一、特色优势产业技术研发工程

1. 葡萄产业关键技术研发项目　在葡萄种植区引进和应用生产全过程数字化管控系统、精准灌溉施肥系统和现代农业装备，运用先进的物联网和无线远程控制技术、水肥一体化技术等，探索和总结出一套生态高效、可追溯的葡萄种植模式，带动提高当地葡萄种植水平。

2. 食用菌栽培关键技术研发项目　重点引进和培养舞茸、姬松茸、榆树菇、黄金菇、猴头菇、灵芝等稀缺、高营养价值和附加值的食用菌品种，探索和总结可复制的高产高效工厂化栽培模式。同时发展食用菌干制加工等初加工和食用菌功能食品类加工等精深加工，延长产业链条。

3. 设施蔬菜产业关键技术研发项目　选择引进国内外优良芽苗菜、叶菜类、果菜类蔬菜品种进行试验示范，筛选出适合本地种植和符合市场需求的高品质、高附加值的优良品种。改良、研发适合中国普通农户的生产型都市农业设施、智慧农业技术装备和高产栽培管理技术，实现引进的技术装备国产化和实用化。

4. 休闲农业模式创新项目

（1）中粮自然学校　提供开放式课程，为不同年龄段青少年设置相应的自然科学教育课程。将旅游、学习、亲子互动和生活体验充分整合，开展思维拓展、空间体验、空间智能、自然探索、生存技能、沟通协作等课程，促进青少年全面发展。另外，增设了成年人及老年人的体验式课程及活动。

（2）"社区支持农业"休闲升级版　提供10～300平方米可个性化组合定制的地块供学校、企业、高档小区和普通城市居民认种，同时提供种苗和专业培训服务，采取半托管或全托管两种租赁方式。

二、健康生态科技园建设工程

1. 基础设施建设　基础设施将分三期建设，其中一期主要建设综合办公楼、青年才俊公寓和研发总部等。

2. 平台建设　搭建创新服务、科技服务、金融服务、生产服务、商务服务、市场服务、社交服务和生活服务八大专属服务平台，为入驻企业提供高品质的工作空间和专业服务。

3. 集聚企业　吸引和汇聚国际、国内一流的专业研发机构及能够创造较高经济、社会效益的龙头企业，重点导入处于快速成长期的农业科技及健康科技企业，组建产业引导基金，引入金融创投机构和产业基金，加速创业企业孵化发展。

4. 组建健康中国科技产业联盟　由中粮集团牵头，吸引30～50家健康科技领域有影响力的企业参与，打造中国最健康产业产品集聚地，引领我国健康产业发展。

三、特色优势产业技术模式示范和产业提升工程

1. 葡萄酒产业综合提升项目　建设葡萄酒产业研发中心，开展葡萄酒品种苗木培育、核心区高产优质栽培模式示范、高效节水关键技术集成与示范、葡萄酒加工与酿造工艺技术流程、葡萄酒文化创意产业等方面的研究。建设葡萄酒商贸文化与休闲旅游中心，包括葡萄酒商贸交易所、拍卖市场、风情街等。依托房山区葡萄酒产业行业协会，汇聚国内外葡萄酒产业研发机构、龙头企业、葡萄酒行业农民经纪人、葡萄种植大户等，建立全国葡萄酒产业（房山）总部基地。进一步加强现有酒庄的水、电、路、网等基础设施建设，并对厂房、设备和酿造工艺与技术进行升级、改造，加强配套的餐饮、接待、休闲娱乐、旅游服务等软环境建设。

2. 食用菌栽培关键技术示范和产业提升项目　加强食用菌基础设施建设和菌种繁育工作，将高产高效工厂化栽培模式引入示范区实践，实现食用菌生产标准化、产业化和智能化。同时利用食用菌精深加工技术进行工厂化生产，延长产业链条，提升产品附加值，促进农民增收。建设有机肥厂，利用食用菌废料生产有机肥，实现食用菌废料循环利用。

3. 设施蔬菜产业综合提升项目　将核心区筛选和研发的优质品种、智慧农业设施装备和高产栽培管理技术等在示范区进行示范应用，整体提升示范区蔬菜栽培水平，提高设施蔬菜综合效益。三年建设期（2016—2018年）内，示范区每年建设2～3个生产规模达100万株以上的蔬菜集约化育苗场，实现

育苗场占蔬菜面积的20%～30%。通过完善基础设施、生产与技术服务体系、标准化安全生产管理、品牌培育等建设，加快蔬菜专业村建设。

4. 休闲农业整体提升项目 充分利用乡村环境优势和资源优势，重点培育山水人家、生态渔家、采摘篱园、休闲农庄、创意农园、教育农园等业态，重点引导建设具有地方特色的农家乐、青年旅社、露营木屋帐篷、郊野别墅、生态庄园等住宿设施，开展标准化、规范化、细微化服务。进一步挖掘有历史文化的特色美食，重点发展特色餐饮和风味主题餐厅。结合房山区温泉、湿地、森林公园等生态资源，重点建设老年公寓区、农耕养生园、保健蔬菜园、有机农业园、农耕健身馆、养生会堂、民俗风情园，打造绿色生态养生度假区。

案例三

钟楼现代农业科技园区总体规划（2018—2020）

第一节　园区概况

一、地理区位条件

（一）区位条件

常州市位于江苏省南部，地处长江之南、太湖之滨，长江三角洲的中心地带，北纬31°09′～32°04′，东经119°08′～120°12′。常州是长江中下游地区的交通要道，扼江南地理要冲，北携长江，南衔太湖，东望东海，西与南京、镇江接壤，与苏州、无锡联袂成片，构成苏锡常都市圈。

核心区邹区镇隶属于常州市钟楼区，是中国东部典型的鱼米之乡，东与常州接壤，距离市中心10公里；与上海、南京两大都市直线相望，距离上海200公里、南京100公里、杭州200公里。

（二）交通条件

1. **公路**　截至2014年年底，常州市公路总里程达8 906公里，公路密度位居江苏省第二，每百平方公里公路密度达203.7公里。仅"十二五"时期，常州市就累计完成公路、水路交通建设投资202.5亿元，新增高速公路86.5公里，新建、改建国省干线公路116公里、农村公路765公里，改造农危桥411座；西绕城高速公路、泰州长江大桥连接线、京沪高铁、宁杭高铁、机场高架、青龙互通等一批重点工程建成投用；还建成了公路客运东站、京沪高铁客运北站。市区"一主四辅"的公路客运站场体系基本形成。

2. **地铁**　2012年5月11日，国家发展改革委发文批准《常州市城市轨道交通近期建设规划（2011—2018年）》，常州市成为全国第29个、江苏省第4个获批建设城市轨道交通的城市，也是2011年全国城市轨道交通安全大检查以来第一个获批建设的城市。该规划确定常州市轨道交通基本线网由4条线组成，总长约129公里。

3. **水运**　常州位于京杭大运河航段，上通京口，下行姑苏，河川纵横，湖泊密布，北环长江，南抱滆湖，东南占太湖一角，襟江带湖，水运交通便利。"十二五"时期，整治三级航道122公里，新建、改建大中型桥梁47座，首个交通船闸建成投用，围绕常州市区的"口"字形三级航道网基本形成。长江港新增4个万吨级码头，建成首个10万吨级深水泊位。

4. **航线**　常州机场新航站楼建成投用并实现口岸开放，航线通达10个国际（地区）城市，与国内主要枢纽机场连通率达63%，与直辖市和省会城市连通率达52%。

核心区邹区镇南接滆湖水域，北枕京杭大运河、沪宁铁路和沪宁高速公路，西连常州机场，312国道、340省道和市长虹路均呈东西向横贯全镇，公路、铁路及水路交通发达。

二、自然资源现状

（一）气候资源

常州地处中纬度地区，属于北亚热带海洋性气候，常年气候温和，雨量充沛，四季分明。年平均气温15.4℃，降水量1 071.5毫米，雨日127.5天，日照时数2 047.5小时，无霜期227.6天，常年主导风向偏东。春季，大致是自3月26日至5月31日，为期67天，盛行东南风，春末初夏时多有梅雨发生。夏季，大致是自6月1日至9月20日，持续112天。此季节高温多雨，最高气温常达到36℃以上，降水量占全年的40%。秋季，大致是自9月21日至11月20日，为期61天，晴好天气为主，平均日照率在50%以上，气候凉爽宜人，对作物的生长、成熟有利。冬季，大致是自11月21日至次年3月25日，空气湿润，气候阴冷。

（二）土地资源

2015年，常州市拥有耕地225.3万亩。全市水稻播种面积114.4万亩，有林地面积98.3万亩，园艺面积85.2万亩（蔬菜15.3万亩、花卉苗木39.9万亩、果树18.4万亩、茶叶11.6万亩），水产养殖面积58.7万亩。

（三）地形地貌

常州地貌类型为高沙平原，山丘平圩兼有。南为天目山余脉，西为茅山山脉，北为宁镇山脉尾部，中部和东部为宽广的平原、圩区。境内地势西南略高，东北略低，高低相差2米左右。

（四）矿产资源

常州山区丘陵资源丰富，物产富饶。构成山地的岩石，主要是石英砂岩、页岩、砾岩，其次为大理岩、花岗岩、玄武岩等，都是良好的建筑材料。孟城的斧劈石，棱角分明，有白色、黄色纹路，以其制作的盆景，具有雄、秀、险之天然美，故被誉为"孟河独秀"。常州境内有小煤矿分布，如卜弋、厚余煤矿、儒林、茅山煤矿、上黄、竹箦煤矿。溧阳境内有少量的铁、铜、锰等矿产。金坛已探明的盐矿储量为162.42亿吨（氯化钠储量为125.38亿吨），分布于60.5平方公里范围内。1994年1月，茅溪盐矿建槽投产，具有年产300万标卤（30万吨固体盐）的生产能力，达到国家级大矿标准。

（五）生物资源

常州常见的裸子、被子植物门所属植物有1 000余种，分属100多科。中药资源丰富，已发现1 000多个品种可入药，其中紫苏、荆芥、半夏、苍术等植物类药912种，动物类药92种，矿物类药11种。有239种被国家和省定为大宗重点品种药，其中茅山苍术、兰陵（万绥）半夏、孟城荆芥为全国著名药材。常见动物达200余种，分属13纲。其中，可供食用的有蚌、虾、蟹、鱼、野鸡、兔等；可用于制作裘皮的有黄鼬、豹猫、草兔、獾等；可保护农林业的有石龙子、杜鹃、啄木鸟、灰喜鹊、家蝠等。

（六）旅游资源

2016年，常州拥有2个"5A"级景区、10个"4A"级景点、7个"3A"级景点、8个"2A"级景点。有全国重点文物保护单位10处、省级文物保护单位45处、常州市级文物保护单位170处、常州市文物保护控制单位20处、金坛市级文物保护单位42处、溧阳市级文物保护单位54处、金坛市文物保护控制单位468处。

邹区镇旅游景点——佳农探趣休闲生态园是农业休闲类知名景点，位于江南水乡常州邹区镇琵琶墩村，占地约600亩，是集农业特色体验、科普教育、农家餐饮、休闲娱乐、拓展身心等于一体的"玩着学"的农业主题乐园。佳农探趣休闲生态园有一座新型别致的小桥——"状元桥"。桥左右的河中各有三尊呈跳跃状的鲤鱼雕塑，状元桥的石栏板上有四幅图："潜心苦读""状元及第""白马游街""入朝为官"。

（七）林业资源

常州丘陵山区拥有丰富的自然植被，森林覆盖率达70%，溧阳有木本树260多种，活立木蓄积量60.96万立方米，被列为江苏省林特产重点基地之一。盛产毛竹、江竹、淡竹、石竹的南部山区，素以"竹海"著称，竹产量居江苏省第二。

三、社会经济条件

2015年年末，常州常住人口为470.1万人，其中城镇人口329.1万人，城镇化率达到70.0%。常州市户籍总人口为370.9万人。其中，男性183.6万人；女性187.3万人。户籍人口出生率为9.6‰，户籍人口死亡率为7‰，人口自然增长率为2.7‰。

2015年，常州市人均GDP（国内生产总值）为1.8万美元，其中钟楼区人均GDP为1.55万美元，根据世界银行的标准，人均GDP已经达到富裕国家水平。邹区镇全镇GDP达108.06亿元，农业总产值为4.10亿元，耕地有36 253亩。常住人口为95 521人，城乡居民可支配收入有28 928元。主要农产品种类为水稻、小麦、水产品、蔬菜、油菜、生猪、禽蛋。

四、科技支撑条件

（一）试验示范基地

钟楼现代农业科技园区依托江苏省钟楼现代农业产业园区建设。江苏省钟楼现代农业产业园区是江苏省人民政府于2014年3月批准成立的综合性现代化园区。园区按照高效、集约、生态的标准，联合华东地区最大的农副产品批发市场——凌家塘市场，合力打造国家级多功能综合性现代农业产业园区。2010年12月，园区获得了由全国高科技产业品牌推进创新发展专业委员会颁发的"全国绿色食品产业示范基地"的荣誉证书；2011年园区获得了"常州市科普教育基地"的称号；2012年1月，园区获得了首批"常州市农机示范基地"的称号；2013年获得了"常州市优秀科普教育基地""江苏省优质高效标准园"等荣誉称号。

另外，园区企业广泛与科研院所合作，开展相关技术的试验示范。常州市大自然生态农庄有限公司（提供试验基地）与江苏省农业科学院合作了红香芋有机轻简栽培技术项目；江苏诺亚方舟农业科技有限公司2016年7月顺利通过农业部国家标准化养殖示范场验收，培育的"诺亚1号"中华绒螯蟹于2017年4月被全国水产原种和良种审定委员会认定为水产新品种。

（二）创新研发平台

江苏省钟楼现代农业产业园区以科技创新、可持续发展为立园之本，以安全高效特色蔬菜产业为主导。园区建设采用政府引导、企业参与的发展模式，与南京农业大学签订了技术咨询合同，达成了关于开展科教兴农合作的协议，根据园区需要，南京农业大学提供科技创新与推广项目的申报，选择新技术、新品种、新产品、新模式在园区进行示范推广，帮助园区开展人才培养、培训、产业发展等咨询。同时，园区与江苏省农业科学院、中国科学院南京土壤研究所、上海交通大学农业与生物学院等一批科研机构、高等院校建立了紧密的合作关系。

2016年园区与常州现代农业科学院签订了技术服务协议，由常州现代农业科学院根据园区内企业种植的农作物生产情况及流行性病害发生趋势，为园区提供专业、优质、高效、及时的技术指导服务。

2016年5月18日，以江苏省钟楼现代农业产业园区为基础，常州市钟楼区人民政府与国家农业信息化工程技术研究中心签署了农业科技合作框架协议。明确提出将以现代农业园区规划、农业信息技术、农业智能装备等行业领域为重点，深化双方的交流与合作，依托国家农业信息化工程技术研究中心的技术力量，充分发挥常州市钟楼区的资源、产业、经济、区位、政策优势，力争打造常州市乃至苏南地区的农业4.0科技高地和国内一流的信息装备科技成果转化平台。

（三）信息化电商平台

1. 凌家塘市场农产品电商平台　凌家塘市场建立了生鲜电商品牌"万家鲜"，大力发展生鲜农产品的直供直销。凌家塘市场万家鲜生鲜粮食配送中心整合上游种植养殖资源、自身库储和城市零售终端优势，利用"互联网+"，让农产品能以最便捷的通道，从田间运送到餐桌。目前，凌家塘市场上线了凌家塘万家鲜电子商务网站，并在常州地区建立了110多家直供直销实体店、社区直供站、生鲜提货柜，每日配送的产品价值近30万元。消费者通过凌家塘万家鲜电子商务网站或社区直供站订购生鲜农产品后，"万家鲜"将消费者订购的产品配送至社区直供点，贴近消费者，方便消费和配送。

2. 临溪农庄电商平台　2015年2月，临溪农庄年轻技术人员专门成立蔬菜电商团队，进行创业实践，建立了临溪农庄电商平台。消费者可以用手机下载临溪农庄App，通过App可直接连接农场数据库，透过安装在大棚内的高清摄像头，直接了解有机蔬菜全部生产过程，挑选放心的蔬菜，并通过临溪网站订购拥有国家有机认证的新鲜蔬菜，之后公司物流将客户订购的产品分拣，直接送到消费者所在社区的智能生鲜提货终端或家里，使消费者足不出户，尽享安全、方便与实惠。据统计，截至2015年年底，临溪蔬菜电商团队通过运用互联网定制模式——社区支持农业（community support agriculture，CSA）模式，使网络销售额突破了300万元，获得阶段性成功。

3. 诺亚方舟电商平台　江苏诺亚方舟农业科技有限公司成立电子商务部门，组织了年轻的电子商务团队。在几个年轻人的带领下，团队与苏宁云商签订合作协议，正式进入农产品电商领域，2015年网络销售额达500多万元。

五、建设基础与发展现状

（一）园区基础设施

2015年，园区加强了生产设施和基础设施建设力度，新增连栋大棚14 000平方米、智能温室15 000平方米，新增绿化15 000平方米，不断完善渠道、电网等基础设施，有效提升了园区的综合带动能力。从2014年下半年开始，园区对道路进行提档升级，6米宽砂石路面升级为沥青路，新铺设5米宽水泥道路1.2公里，对1 500米的道路进行了绿化，园区照明工程也已全部完工。

2015年，区内一期规划面积5 326亩已实现基础设施配套齐全，框架道路全面硬化，田间砂石路铺设到位，高标准的灌排渠全面畅通，生产管理用房4 500平方米，设置了专门的园区管理服务机构，以促进及保障园区的合理规划，增强园区发展后劲。

在园区环境上，加强标志性形象工程建设，不断开展各类文化活动。通过各类媒体，加强对园区创新工作及园区企业发展信息的宣传力度，特别是针对园区企业的宣传，提高园区及园区企业的影响力和知名度。

（二）园区已实施政策

园区得到了各级领导的高度重视，加强了组织领导、统筹部署、协调整合力度。园区积极宣传国家农机购置补贴政策，鼓励企业购买农业机械，促进农业机械化现代化发展。加强市区两级各类政策的宣传，注意面向企业把政策宣传工作同园区日常企业服务工作结合起来，重点针对农业资金扶持政策、科技政策，在服务中做好宣传，在宣传中提高服务实效，积极引导企业申报各类扶持资金。

（三）园区企业集聚情况

1.园区承担项目 "十三五"以来，在各级领导的支持下，园区企业累计承担各类项目十余项。其中，省级项目6项，如省级高效设施农业项目、高效设施渔业项目、设施蔬菜病虫害物理防治技术与装备试验示范项目等；市级项目8项，如"洛神花海"新型观光型农业项目、基于物联网的设施农业与云服务平台的研制项目等。2016年上半年指导园区企业完成市级项目4个，均顺利通过常州市农业委员会和常州市财政局的联合验收。

2.入驻企业及企业经营运行收入情况 按照"政府引导、企业运作、农民受益"的原则，创新园区运行机制，引入企业化运作模式，充分利用各级政府给予的土地、融资等方面的优惠政策，自2014年园区得到批复以来先后吸引了近20余家企业入驻园区。

3.企业创新品牌培育 园区始终坚持品牌化发展道路，着力优化园区产业结构，精心招商布局，通过政府规划引领和政策引导，使园区区域格局呈块状分布，突出主导产业。综合考虑发展基础、比较优势、发展潜力及集聚度等因素，坚持把好每个招商项目入园关。专门编制了项目招商指南，引进了一批产业特色鲜明、投资规模大、科技含量高、产品竞争能力强的特色企业。

4.专利品种及转化情况 园区牢牢坚持科学技术是第一生产力的理念，

加大了新品种、新技术的引进和推广力度，努力为推进常州市现代农业发展提供示范的窗口、学习的平台。

第二节　定位、思路与目标

一、功能定位

（一）总体定位

基于园区的农业生产、加工、交易物流和休闲农业的产业基础以及江南水乡的区域特色，结合江南田园综合体及农业特色小镇的发展方向，将钟楼现代农业科技园区总体定位为：江苏"菜篮子"智慧生产样板区。通过与科研机构合作，加强科技创新力度，支撑园区健康可持续发展，使园区成为苏南地区都市现代农业科技研发和推广服务基地，向周边地区输出科技要素。

（二）主要功能

根据园区的产业基础和发展定位，通过一二三产业融合发展，拓展现代农业的多种功能，园区主要功能体现在科技"新高地"、居民"菜篮子"和都市"后花园"三方面。

1.**科技"新高地"**　园区围绕蔬菜、水产、加工物流等主导产业开展科技研发、科技孵化、科技推广，以及农业新技术、新品种、新材料、新模式等科技成果的试验、示范、展示、培训，实现科技研发、推广和服务功能。在核心区试验和示范先进、适用的农业技术、品种、模式，成功后将其推广应用到示范区，并定期进行农民技术培训，为农民提供适用的市场、科技、气象等信息，提升农业、农村的现代化生产水平。

2.**居民"菜篮子"**　将园区打造成蔬菜、水产品等农产品生产与加工的"菜篮子"基地。引进先进、适用的农业种植和水产养殖技术，开展标准化、规模化农业种植和水产养殖，生产优质农产品。基于市场需求和技术水平，对特色农产品进行加工和品牌塑造，拓宽农产品销售渠道，发展电子商务和具有良好产业基础的交易物流服务功能，为居民提供优质、安全的"菜篮子"产品。

3.**都市"后花园"**　园区都市"后花园"功能主要包括都市农业科普体验、休闲观光、生态涵养、农事体验、创意农业等功能。通过设计独特的农业景观和农业休闲体验观光项目，为钟楼区乃至常州市及周边市民提供新奇特农业展示、农耕文化博览、设施采摘、农事体验、农业观光等服务，为青少年提供农业科技知识、农业文化等传统农耕文化科普教育服务，把园区打造成常州市居民农业生态休闲体验、养生、养老的"后花园"。

二、建设思路

在园区建设中突出体系、产业、产城、农景、农水、农文六大融合发展思路，构建出"产业链条延伸，生产经营体系完善，景观文化独特"的现代农业科技园区。

1. 体系融合 体系融合是所有融合的基础。这里主要是指产业体系、生产体系和经营体系三大体系的融合。以提高农业产业的整体竞争力、促进农民持续增收为核心构建农业产业体系，生产体系和经营体系为其提供支撑；以促进农业供给更好地适应市场需求变化、更好地适应资源与环境条件为核心构建农业生产体系，更好地支持产业体系发展，经营体系与其相适应；发展多种形式的适度规模经营，形成现代农业经营体系，适应产业体系和生产体系的发展需求。

2. 产业融合 园区通过产业链的延伸和价值链的拓宽，促进农业生产、农产品加工、农产品交易物流和农业休闲体验等产业业态间的高度融合，推动一二三产业融合发展，实现一产强、二产优、三产活，提高农业产业的综合效益和整体竞争力，让农民分享农业产业链条各环节的利益。

3. 产城融合 遵循依托城市、服务城市的发展思路，服务于常州"创新创业城、现代产业城、生态宜居城、和谐幸福城"的建设目标，把发展都市现代农业作为新型产业体系建设、新型城市化的重要内容，坚持在城市发展大局中全域规划、整体布局，充分利用园区独特的区位优势、产业优势、科技优势和制度优势，在规划和建设过程中重视农业产业与城镇的功能融合和空间整合，实现"以产促城，以城兴产，产城融合"及城乡一体化发展。

4. 农景融合 园区紧邻常州市区，是典型的都市现代农业，生态与景观功能更加突出。在规划布局过程中重视农业产业与农业生态景观的融合，推动生态农业、景观农业、休闲观光农业的发展，把园区打造成常州市一个特色的农业景点。

5. 农水融合 常州市温暖湿润，雨量充沛，地表水和地下水资源丰富，但也存在水质恶化与洪涝灾害时有发生的现象。农田本身就是非常好的"海绵"，尤其水田是非常重要的海绵农业形式，在设计中应将农田水利基础设施建设与"海绵城市"建设紧密结合，同时在设施农业区等以硬质地面为主的区域重视"海绵城市"的雨水综合回用技术的应用，充分发挥园区十条灌排水沟渠在"海绵城市"建设中的蓄水排水作用，做到"旱能灌""涝能排"。

6. 农文融合 传承农耕文化是农业科技园区的主要任务之一。常州历史文化源远流长，农耕文化更是江南鱼米之乡的典范，但随着城市化进程的加快，钟楼区水稻、小麦等作物种植面积越来越小，青少年体验农耕文化的场所越来越少。为此，园区规划建设时充分融合了常州农耕文化特色，恢复了一定的水稻田、油菜田和麦田，以发挥农业文化传承的重要功能。

三、发展目标

以"创新、协调、绿色、开放、共享"五大发展理念为引领，以"转变农业发展方式""一二三产业融合发展"为手段，加快核心区、示范区、辐射区三区互动，大力发展蔬菜、水产、农产品加工物流、苗木花卉、休闲农业等支柱产业，加强科技创新的引领和支撑作用，构建都市农业产业、生产与经营体系。把园区建设成为江苏"菜篮子"智慧生产样板区、一二三产业融合发展示范区、休闲农业与乡村旅游聚集区。具体目标包括：

1. 科技创新上水平　加强与中国农业科学院、国家农业信息化工程技术研究中心、南京农业大学、江苏农业科学院等科研院所、高等院校的长期战略合作，促进国际合作与交流。完善产学研一体化长效合作机制，加强技术项目开发，培育出一批具有自主知识产权的新技术、新品种，提高核心竞争力。搭建技术创新和服务平台，构建科技创新和成果转化中介服务体系。整合科技金融资源，建立开放式的技术创新服务体系，努力构造资本与技术融合、技术成果转化通畅、服务配套完善的产业化服务环境，增强区域科技引领能力。

具体目标包括：园区内市级以上工程技术中心、重点实验室达到3个以上；园区内企业研发服务机构数达到5家以上；核心区农业科技贡献率达到70%、示范区达到65%以上。

2. 产业化水平大提高　大力培育新型农业经营主体，充分发挥龙头企业、农民合作社的带头作用，积极争取上级部门的政策和资金支持，促使园区发展上规模、上档次。发展高效生态品质农业，推动主导产业规模化、标准化、品牌化，打造江苏省蔬菜和生产、加工、物流一体化的产业集群，打造江苏省知名的以都市现代农业为特色的农业科技示范园区。

3. 区域带动能力增强　通过科技的引领，促进园区企业快速转型升级，增强园区的区域辐射带动能力。大力推动农业电子商务发展，重构农业、农村经济产业链、供应链、价值链。通过对凌家塘市场信息化水平的提升、基础设施的改造升级，进一步增强市场的交易物流服务水平和辐射带动能力，倒逼农业向标准化、规模化、品牌化发展。建设具有文化特色的农业观光休闲区，发展生态观光旅游业，为周边市民提供静心怡情、回归自然的好去处。在此基础上，推动一二三产业的融合发展，提升区域都市现代农业的核心竞争力，促进农民增收致富。

第三节   总体布局与功能规划

一、核心区

核心区位于钟楼区邹区镇振中路以北、239国道以西，以及凌家塘市场的全部。

核心区按照"一心三区一园"的总体规划进行布局，结合园区蔬菜、水产、加工物流、农耕文化科普体验等主导产业，通过农业科技研发平台、农业"星创天地"、公共服务中心、综合展示中心等建设，发挥科技引领作用，推动园区创新链、产业链、服务链"三链"融合。核心区总占地面积为7 000亩，技术要素、物资要素、资金要素、人才要素高度聚集，集中开展农业科技研发、技术推广、培训、社会化服务等，是钟楼现代农业科技园区的辐射源。

"一心"即农业科技研发中心，位于园区中部，占地10亩，是整个园区的科技中心。建设研发孵化大楼，配置建设公共试验、质量检测、孵化办公、信息服务等设施。重点实现农业科技研发、科技孵化、信息服务、技术培训、园区管理等功能。

"三区"即绿色蔬菜智慧生产区、集约化生态水产养殖区和农产品商贸物流区。蔬菜智慧生产区主要功能是设施智慧农业生产技术模式示范和优质果蔬生产。集约化生态水产养殖区以培育良种和提升水产养殖信息化水平为核心，开展水产养殖集约化、生态化、信息化技术的引进、研发、示范。农产品商贸物流区加强分级、包装、冷链等基础设施建设，发展农产品初加工和农产品电子商务，延伸农副产品产业链、构建服务链、提升价值链。

"一园"即佳农探趣休闲生态园，规划占地面积约900亩。主要功能是为常州市民提供一个农业休闲、观光体验、科普教育的场所。

二、示范区

示范区涵盖振中路以北、华城路以南、239国道以西、新孟河以东，且是钟楼区核心区以外的农业区域，是核心区科技成果的示范推广基地。按照试点示范先行、点线面共同推进的原则，示范区在核心区技术、人才、资金、培训等要素的带动下，通过引入重点项目及采用"公司+农户"的运作形式，对核心区研发、引进的蔬菜、畜禽、水产品规模化、标准化种养殖技术，工业品深加工技术及休闲农业的新模式进行示范，实现核心区相关技术的拓展应用。

三、辐射区

辐射区向外逐步延伸，涵盖常州市全境乃至周边城市相关地区，是园区技术、模式辐射和扩散的目标区域。先通过核心区的研发、展示、示范、培训和在示范区的试验和示范，熟化产业技术、品种和模式，再将之辐射推广到常州市乃至江苏省，实现农业增产增效，带动农民增收，促进农业绿色可持续发展，率先在江苏省实现农业现代化。

第四节　园区主要建设任务

一、科技创新服务建设工程

（一）农业科技研发中心建设项目

建设面积为3 000～5 000平方米的科研大楼，其中农业科技研发中心1 500～2 500平方米。农业科技研发中心配套建设农业公共实验室、农产品质量检测分析室等设施。依托钟楼区乃至常州市科研力量，研究共建机制，引进我国其他地区的科研力量和科技资源，推进技术研发、服务创新、成果转化和人才培养，提升园区整体科研水平和科技服务能力。

（二）农业"星创天地"建设项目

为农业科技特派员、农村中小微企业、返乡农民工、大学生等提供创意创业空间、创业实训基地；构建科技咨询、质量检测、科技金融、创业培训等一站式开放性全方位新型综合服务体系；引进科技中介，法律、工商、专利、税务等代理、金融机构，为入驻企业提供科技咨询、创业培训、业务办理、金融服务等一站式配套服务。将众创空间引向农业农村，营造专业化、社会化、便捷化的创业服务环境以及创新创业文化氛围，努力创建农业"星创天地"，深入推行农业科技特派员制度，积极探索推进农村"大众创业、万众创新"的有效机制和模式。

（三）综合展示中心建设项目

建设信息总控服务平台，建筑面积为100平方米左右，实现管理、服务信息化。其建设内容主要为以下两点：

1.**硬件建设**　硬件建设包括规划展示沙盘、大屏幕、接待室、信息总控室等，配套设备包括服务器、计算机等。

2.**园区信息化管理平台建设**　在园区信息总控服务平台配套相关的信息化管理系统，在实现农田基本信息、作物基本信息、农机基本信息、农事活动等监控的基础上，通过数据统计分析和评价，为农业生产者和管理者提供决策依据。

（四）公共服务中心建设项目

1. 农业科技服务超市 为了整合优化园区农村科技服务资源，构建高效的农村科技服务体系，可建设农业科技服务超市，面向现代农业科技园区内的农业科技型企业、科技型农村专业合作社、农业专业大户和广大农民，开展多形式、多层次的综合科技服务。

2. 检验检测平台 新建钟楼区农产品综合检验检测中心，布置原料及农产品检测、食品安全检测等设施，为园区及周边区域提供原材料和食品安全检测服务。

3. 农产品电子商务平台 搭建园区农产品电子商务平台，为园区企业提供农产品电子商务服务，引领园区农业向信息化、标准化、品牌化的现代农业转变，并且促进特色农产品走向高端发展路线。

4. 农产品质量追溯系统 对园区核心区特色优质农产品、生产经营主体和产地进行统一编码，建立电子化产地编码和溯源码编码体系，为农产品配置身份标识，并基于产地基础信息和环境检测信息开具产地证明，从而为园区健康食品产业链条建设农产品质量追溯系统，提升园区健康食品的附加值和市场竞争力。

二、"菜篮子"基地智慧提升工程

（一）绿色蔬菜种植智慧提升项目

在绿色蔬菜种植的各环节融合现代农业信息化管理技术和智能化设施装备，建立环境优良、技术装备先进、生产体系完善、产品质量安全可控的绿色蔬菜生产基地，实现示范区农业生产智慧化提升。

1. 智能温室农业物联网技术装备示范

（1）温室环境综合调控系统 根据智能温室环境综合调控的需求，安装传感器、控制器、水肥一体化等农业物联网数据获取、信息传输以及智能控制设备，构建温室环境综合调控系统。该系统可以实时远程获取温室内部的空气温湿度、土壤温度、二氧化碳浓度、光照强度及视频图像；还可以根据需求采集果实生长速度、茎干生长速度、叶面湿度等参数的信息，通过采集的参数信息来远程或自动调控湿帘风机、喷淋滴灌、内外遮阳、顶窗侧窗、加温补光等设备，从而保证温室内环境最适宜蔬果生长。

（2）温室视频语音对讲监控系统 在温室安装视频语音对讲监控系统，可监测温室内作物生长状况、工作人员的生产管理情况以及园区安保情况。通过无线局域网将这些信息上传到物联网监控系统，采用大屏幕进行集中显示，并且能够实现图像信息的远程访问等。监控距离可达120米，分辨率高达

1280×960，监控摄像头可以实现360°连续旋转，无任何监视盲区，全天候实时获取视频信息。

（3）臭氧消毒系统　臭氧消毒系统以空气中的氧气为原料，在高频、高压下放电产生臭氧，通过释放臭氧气对温室大棚中的空气及蔬菜进行消毒、杀菌和灭虫卵，通过排放臭氧水对土壤和营养液进行消毒、除味。

（4）室外气象信息监测系统　室外气象信息监测系统根据温室内环境调节以及室外环境情况检测的需要，在园区安装室外气象站，监测大气温度、大气湿度、风速、风向、气压、雨量、大气辐射强度、土壤湿度、土壤温度等气象数据，提供数据接收、管理、预警服务。

（5）温室集群集中控制体系　采用现代网络技术，对园区所有温室以及附属设施集中管理，合理调配各种资源。管理员可通过网页登录，或通过移动设备登录来进行管理。所有温室之间互相通信，由监控中心集中管理，合理调配各种资源，最大限度地节省人力物力。

2.工厂化、智能化豆芽生产技术

（1）豆芽自动化生产线监控系统　将泡豆、孵化、清洗、去皮和入库冷藏等豆芽生产的每个环节，设计成为集成传感、计算、执行和通信能力的控制节点，针对每个环节的生产加工要求，分别对温度、湿度、液体位置等过程信息的信号采集、处理，给出具体的软、硬件实现方案。将温度传感器、湿度传感器、位置传感器、液位传感器等传感器与淋水控制器、电机控制器等控制器相连接，实现豆芽的工厂化、智能化生产。

（2）自动化豆芽生产用水循环利用系统　经过臭氧/活性炭/石英砂过滤系统、超滤膜系统、紫外/臭氧联合消毒系统深度处理后的豆芽生产用水，可回用于豆芽喷淋以替代部分新水源，实现生产用水的循环利用，节约水资源。整个系统采用自动化控制，全过程的自动化控制是结合电动阀、电磁控制阀、压力传感器、液位开关和电气控制柜等装备实现的。

3.现代化规模水芹栽培技术

（1）农田信息采集管理系统　在水芹大田配置环境监测设备，获得范围更广、精度更高的农田土壤关键参数、气象信息、农作物健康及生长情况等实时数据，支撑农业生产决策。相关技术设备包括自动气象墒情采集系统、农田信息无线传感网（WSN）监测系统、精准施肥决策云服务系统、作物病虫害采集管理与远程诊断系统等。

（2）智能化农机及其配套系统　在水芹种植的土地整理、播种、施肥、植保、收获等重要环节，配备智能农机具，包括水田搅浆平地机、水芹耕种机、全球定位系统（GPS）等。结合物联网技术的应用，实现露地水生蔬菜现代种植模式示范。

（3）农田自动化节水灌溉系统　对管道输水控制管制技术进行示范，配备自动化节水灌溉设备，包括自动控制节水灌溉系统。实现灌溉自动控制和节水灌溉的目的，最大限度地提高单位灌溉水量的农作物产量和产值。

4. 光伏农业智能生产技术

（1）光伏农业环境监测与调控系统　在光伏大棚内建设设施物联网环境监测与调控系统，对温室环境中的温度、湿度、光照、二氧化碳浓度等参数进行监测和调控。与一般设施农业不同，光伏农业环境监测与调控系统加强了对棚内光照条件的监控，并可根据在当地气候条件下的长期监控结果调整棚内种植品种等种植决策。

（2）光伏发电监控系统　采用分布式网络结构，实现对光伏发电、逆变设备的监视、测量、控制功能。监控主机与逆变器通信模块之间采用4G通信技术（第四代移动通信技术）进行通信，逆变器通信模块与其所连接的组串之间采用无线载波通信。

（二）集约化生态水产提升项目

1. 水产品育种基地　依托江苏诺亚方舟农业科技有限公司，在中国水产科学研究院淡水渔业研究中心的技术支撑下，建立水产品育种基地，开展蟹、虾、鱼、贝种苗繁育工作，提高园区良种自给率和覆盖率，为园区水产品种苗高产、高效繁育提供保障，提高园区水产品的产量和品质。

2. 水产健康养殖示范场　在现有水产养殖场的基础上，安装增氧机、爆气装置、液氧发生器、投饵机、循环水处理装备、水泵、网箱等设备，加强基础设施的建设、提升改造力度，建设水产健康养殖示范场。

3. 水产品物联网技术应用与示范　利用传感器技术、智能信息处理技术，在水中设置传感器，采集溶解氧的含量、水温、水位、浑浊度、pH等数据，实时监测水质环境的变化。发现异常情况及时报警，利用控制设备实现加水、控温、增氧等。

（三）种养循环建设项目

1. 标准作物种植园　建设水稻、小麦、蔬菜等江苏主要作物的标准化种植园，充分利用畜禽规模化养殖示范场用畜禽粪生产的优质有机肥，建设有机果品、有机蔬菜生产基地。

2. 种养循环示范　在畜禽标准化养殖示范场开展畜禽粪便及作物秸秆的资源化利用与无害化处理，走循环经济路线。安装空气温湿度传感器等传感器、视频监控设备以及畜禽个体体征检测设备，实现精细饲料投喂、全程监控动物繁育、畜禽个体疾病诊断与预警。

三、农产品精深加工建设工程

（一）肉制品精深加工项目

提升常州市殿圣食品有限公司、常州名仁农产品有限公司等企业的加工能力和水平，开展肉制品精深加工。

1.建成年屠宰能力30万头的现代化生猪屠宰加工生产线3条。根据屠宰加工生产线建设待宰间、屠宰间、排酸间、分割间、冷藏间等，并购置相应的配套设施设备；开发适合市场需求的速冻类、低温类、微波类预制产品。

2.开展肉产品精深加工，开发和生产各类肉干、肉肠、肉丸、酱卤肉制品、熏烤肉制品、肉松等休闲熟食制品，丰富产品种类。

（二）水产品精深加工项目

依托现有水产品生产企业，引导其延长产业链，拓展水产品加工业务，同时引进水产品加工企业，开展特种水产品保鲜、物流、深加工及综合利用技术的研究，发展水产品精深加工。

四、农产品商贸物流提升工程

（一）加工配送中心升级

进一步扩大生鲜加工配送中心规模，引进果蔬、肉类、副食品加工企业或经营户，开展农产品的初加工或深加工；建立净菜加工配送中心，积极引进和完善检测、加工、冷冻、冷藏、包装等技术和设备，提高农产品加工、保存水平。依托凌家塘市场，建立"农业基地（农产品批发市场）＋生鲜／净菜加工配送中心＋连锁超市（平价直销店、社区直供站、消费者）"的发展模式，引进大型商贸企业配送中心、专业化的第三方城市配送企业，形成以加工企业和第三方物流配送企业为主体，以现代信息技术、技术设备和管理手段为支撑，提供运输、仓储、流通、加工、包装等服务的生鲜冷链物流配送平台，开展生鲜农产品连锁配送服务。

（二）打造大型现代物流中心

进一步扩大公路物流中心的规模，完善仓储、干线运输、配送等相关物流基础设施和行政、办公等配套商务设施建设。

（三）市场管理和服务水平提升

升级改造凌家塘市场信息系统，为市场内经营户和广大消费者提供具备交易登记、在线查询、在线商品浏览、网络支付等功能的现代化电子交易平台。

五、农业科普体验提升工程

在佳农探趣休闲生态园现有科普体验项目的基础上，再种植50亩水稻，营造稻田景观，吸引游客前来观光、游览、采摘；建设吴文化农耕科普体验馆，引进农业虚拟科普展示系统，深入挖掘区域农业文化内涵并融入科普活动，推动农业文化的传承。

六、利益联结机制构建工程

推动园区一二三产业协调发展，延长产业链、提升价值链，探索产业化运营模式，使农业收益更多地留在农村、留给农业。完善"龙头企业+农业合作社+农户""园区+农业合作社+基地+农户"等模式，构建企业与农业合作社、农户的利益联结机制和分配机制。引导企业参与园区的建设与经营，形成市场化投入、企业化经营和产业化开发的运营新模式。鼓励农民以资金、土地、设施等入股。企业通过设立风险基金、保护价收购、利润返还等形式，与农民形成利益共享、风险共担的利益共同体。

山东济南国家农业科技园区
总体规划（2016—2018）

第一节　园区概况

一、地理区位条件

（一）区位优势明显

济南作为省会城市，是山东政治、文化、教育中心；北依京津冀一体化功能区，南连长江三角洲城市群，处于山东半岛蓝色经济区、黄河三角洲高效生态经济区和省会城市群经济圈交叉辐射地带。园区位于山东省西北部，经济区位优势明显，处在以济南为核心，包括泰安、莱芜、聊城、淄博、滨州、德州六个地级市的济南都市圈内，同时位于山东省"一圈一带"区域发展战略确定的省会城市群经济圈规划范围之内，还地处环渤海经济圈、黄河三角洲、山东半岛制造业基地的交叉辐射区域，南临黄河，北望京津，东连滨州，西接德州，有着南北借力、东西逢源的地理优势，是济南实施北跨战略的"桥头堡"。山东省省会城市群经济圈发展定位为全省改革开放先行区、转型升级示范区、文化强省主导区、生态文明和谐区，全国重要的战略性城市群经济圈。商河县处于省会城市群经济圈的腹地，已经成为济南乃至山东省产业转移和空间拓展的载体。而山东济南国家农业科技园区核心区位于商河县城区南部，距离商河县政府仅3公里。总体来说，园区具有发展都市现代农业的优势区位条件。

（二）交通便利快捷

商河县地理位置优越，交通优势明显。省道240线、国道340线两条公路交叉过境，京沪高速公路在山东商河经济开发区和商河县城西设有出入口。连接黄河三角洲及渤海沿岸的德（州）-龙（口）-烟（台）铁路在商河县设有两个客货运中间站。商河县距离京沪高速铁路济南西客站70公里，济南至北京、上海分别只需1.5小时、3.5小时左右。商河县距济南国际机场仅50公里。新通车的济乐高速公路从县境西侧贯通南北，使商河县与山东省高速公路网"五纵四横一环八连"接通，至济南的车程缩短至半个多小时。县域内实现了村村通柏油路的目标，公路密度名列全省之首。

二、自然资源现状

商河县属黄河冲积平原。商河县境内河流较多，徒骇河过境南，德惠新河过境北，商中河、商西河、商东河3条河流纵贯西北，土马河、前进河、大沙河3条河流横贯东西。

1.气候资源 商河县地处中纬度，属大陆性暖温带半湿润季风气候。历年年平均气温为12.8℃；年平均降水量为573.0毫米；光照充足，年平均日照总时数达2 613小时。常年平均无霜期为194天。

2.地热资源 商河县地热资源条件得天独厚。地热资源覆盖范围为200平方公里，可利用地热资源量为3.5×10^{18}焦，折合标准煤1.19亿吨，是我国最大的地下热水存储地之一。地下储量为256亿立方米，可开采量为179亿立方米，井口出水温度是58～62℃，埋藏浅、温度高、水质优，属于医疗型地热温泉。

3.土地资源 商河县未利用地及后备土地资源较为丰富，可满足各类项目的用地需求。全县土地总面积为1 162平方公里。已利用土地面积为10.9万公顷，占土地总面积的93.8%。其中，耕地面积6.67万公顷，水域面积1.3万公顷。

4.生态环境 2014年商河全县森林覆盖率达到35.16%，被评为全国绿化模范县。在高标准绿化工作带动下，商河县向着国家级生态县冲刺。据商河县环境监测站的监测数据表明，2015年县内空气中的二氧化硫、降尘等均达到了国家二级标准和地方标准，空气污染指数（API）为70～86，空气质量级别为Ⅱ。

5.水资源 商河县境内水资源丰富。水资源总量为36 769万立方米，内河、沟渠和坑塘拦蓄库容为5 228万立方米，地下水可利用量为11 763万立方米，引进黄河、徒骇河、德惠新河水可利用量为19 777万立方米。

6.农牧资源 商河县农牧资源丰富。2015年，商河县有小麦72万亩、玉米76万亩、棉花20万亩、林果39万亩、优质大蒜20万亩、各类蔬菜34万亩；全县大牲畜存栏35万头，其中肉牛存栏33万头，年出栏20万头；生猪存栏45万头，年出栏75万头；羊存栏30万只，年出栏50万只；肉禽存栏500万只，年出栏12 000万只；蛋禽存栏200万只，年产鲜蛋3.07万吨。

三、社会经济条件

（一）民生事业全面进步，发展基础更加稳固

2015年，商河县累计完成固定资产投资384亿元，是2010年的3.5倍，年均增长26.1%。全年投入社会和民生领域资金16.2亿元，占财政总支出的68.9%。全县引进在建项目101个，其中过亿元项目37个，实际利用内资54.7亿元、外资3 513万美元。申报发明专利300余件。

（二）发展质效同步增强，结构调整取得新成效

2015年三次产业结构由2010年的32.6 ∶ 37.8 ∶ 29.6调整为26 ∶ 42 ∶ 32，第二产业、第三产业比重达到74%。税收收入占公共财政预算收入的比重达到79.85%，第三产业实现增加值52.5亿元，实体经济健康发展。万元GDP能耗、万元工业增加值能耗分别下降3.7%和4.61%，二氧化硫、化学需氧量排放等指标控制在约束范围之内。

（三）经济发展稳中有进，综合实力稳步提升

2015年，商河县地区生产总值为175亿元，是2010年（"十一五"末）的1.8倍，年均增长10.5%；地方公共财政预算收入达9亿元，是2010年的2.6倍，年均增长20.9%；社会消费品零售总额、外贸进出口总额分别达到75.4亿元、1.1亿美元，均比2010年翻一番，年均增长12.1%和13.6%。城镇居民人均可支配收入和农民人均纯收入分别达到22 307元和13 300元。

四、科技支撑条件

（一）创新研发平台

2015年，商河组建了11家市级涉农工程技术研究中心，3家院士专家工作站，2家市级创新创业孵化基地，1家市级科技企业孵化器。在11家研究中心中，济南市地热温室蔬菜集约化育苗工程技术研究中心、济南市生态药肥一体化工程技术研究中心、济南市微生物饲料添加剂工程技术研究中心比较知名。济南乡村绿洲园林绿化有限公司拥有山东农业大学教授、资深工程师、园艺师等18名中高级专业技术人员；基地面积为400亩，建有11个总占地面积为16 000平方米的现代化智能温室，用于名贵花卉苗木的培育、生产和销售，并与山东农业大学联合开发多项科研项目，是山东农业大学园林花卉教学科研基地。济南金王食品有限公司是国家农业部（现"农业农村部"）、科学技术部下达的"鲜食玉米保鲜加工技术"项目的主持和执行单位，由山东省农业科学院蔬菜、食用菌、农产品加工方面的3名专家负责技术指导与培训。

政府也不断引导企业加大研发投入，并出台了一系列政策措施，在人才、平台、投入等方面加大奖励力度，使企业科技创新积极性得到了进一步的发挥。

（二）农业科技特派员制度建设

园区始终把国家"三区"人才支持计划科技人才专项计划的对接和落实作为一项重点工作来抓，2015年新申报农业科技特派员33人，总量达到65人。近年来共举办中药材果蔬种植、畜牧养殖、林果苗木栽培及食用菌高产栽培等各种技术培训班765场次，培训农民15多万人次，受益农户人均纯收入比2014年同期普遍提高，农业科技特派员真正成为新时期农村经济发展的"宣传队"和现代农业科技的"孵化器"。催生出"农业科技特派员＋基地＋农户""公司＋农业科技特派员＋基地＋农户""农业科技特派员创办实体＋农户""农业科技特派员＋协会（农业合作社）＋农户"等运作模式，使农业科技特派员在经济发展中的自身价值充分展示。

五、园区建设基础与发展现状

（一）园区基础设施

截止到2015年年底，商河省级农业科技园先后投资10多亿元，进行了水、路、电、地热、绿化等基础设施和科技研发平台建设，累计修建硬化路面20公里，形成"两纵六横"内部交通网络；已打深水井10眼，铺设水管30公里；架设低压线路12公里，安装变压器15台，打地热井4眼；建地热温室8万多平方米，新增绿地面积20多万平方米。基础设施条件日益完善。

（二）产业发展基础

1. 温泉花卉苗木繁育　截止至2015年年底，园区已建有地热智能温室10万平方米，引进花木企业10余个。其中，济南展逸农业科技有限公司系台湾独资企业，经营以蝴蝶兰组培、繁育、销售为主的温泉花卉项目，公司注册资本为500万美元，已建成2万平方米智能兰花培育温室及相关配套设施；已培植兰花50多个优良品种100多万株，兰花出口荷兰、日本等国家，成为济南市第一家花卉出口的企业。济南水梦缘水培花卉有限公司累计投资1 500万元，建立了5 000平方米温室水培花卉繁育生产基地。公司已利用营养液循环和无性繁殖等技术，繁育生产瓜栗（俗称"发财树"）、竹芋、红钻、榕树盆景、幸福树（学名为"菜豆树"）、罗汉松等63个品种5万多株花卉。济南北方盛景园林工程有限公司投资2 000多万元，建立了绿化苗木基地1 000亩，已培育北美海棠、西府海棠、紫薇、栾树、榉树、槐（别称"国槐"）等中高档苗木100万株。

2. 温泉设施蔬果　截止到2015年年底，园区已建有温泉果蔬基地60万平方米。其中，济南市供电公司绿色蔬菜基地占地300亩，建有30个高标准日光温室大棚、70个大拱棚和30多亩露地菜田。该基地严格按标准化规程操作，实行了"六统一"管理措施，即统一引进优良品种（种苗）、统一技术指导、统一田间档案管理、统一农资供应、统一产品检验检测、统一包装销售。从土壤到餐桌保证了整个蔬菜生产过程的生态、安全，成为省市机关单位建立绿色蔬菜基地直供的典范。济南德瑞特种苗有限公司建有冬暖式高档大棚5个，钢结构大拱棚40个，进行工厂化集约化育苗。每年繁育黄瓜嫁接苗、西瓜嫁接苗、甜瓜嫁接苗、甜椒苗、茄子苗、番茄苗等各类蔬菜苗8 000多万株，其中黄瓜嫁接苗繁育数量居全国首位。济南波尔多玉瑰葡萄有限公司，已完成投资1 800余万元，建成高温葡萄大棚10 000平方米，拱棚27 300平方米，恒温库300立方米，滴灌设施15万平方米，栽植10个葡萄品种，年产葡萄50多万千克。通过园区果蔬基地的示范带动，园区果蔬面积新增0.67万亩，其中新增设施蔬菜0.36万亩；大蒜12万亩，黑皮冬瓜1.8万亩，林果8.29万亩。

3. 优质粮食生产　2014年，园区小麦高产攻关田亩产达到802.5千克，玉米高产攻关田亩产达到1 158.97千克，刷新了济南市小麦、玉米单产纪录，创历史最高。园区小麦平均亩产441千克，玉米平均亩产476千克。

（三）试验示范基地

园区内建成高标准绿色食品大蒜种植基地，核心区1 000亩，示范区10 000亩，辐射带动面积25万亩。2014年6月国家科学技术部给予"大蒜特色品牌基地及产业化建设"后续项目支持，支持资金90万元。后续项目集中开展大蒜新品种培育、标准化种植、冷藏保鲜、精深加工等技术的研究应用和集成创新，培育和壮大龙头企业，探索产业链上下衔接、前后互动的长效机制，全力解决大蒜种性退化、病虫害严重、质量下降，以及加工不足、增值率低、产业化水平差距大等问题，促进大蒜产业的健康发展和经济效益的进一步提高，全面提高大蒜产业的产业化水平和持续发展能力。

商河商南彩椒特色品牌示范基地，位于省道240线西侧、玉皇庙街道办事处杨庄铺街北邻，始建于2003年4月，是一家以蔬菜产销为主的综合性涉农民营企业。基地下设蔬菜市场、集贸市场、商南蔬菜专业合作社、皇园生态农庄、鼓乡神韵生态农业观光园等多家企业，拥有管理人员20人，职工150余人，资产总值达3 500多万元，其中固定资产2 000多万元。公司建有4 000平方米的蔬菜交易大棚、库容500吨的恒温库、2 000平方米的综合办公楼、3 000平方米的商品楼；硬化交易场地20 000平方米，设有交易摊位200多个，完善了水、路、电、通信、网络等配套设施建设；并建立了蔬菜农资专供店，安装了大型电子磅，配备了蔬菜农药残留速测仪等先进设备。目前，公司带动当地发展大棚蔬菜2万多亩。2011年公司蔬菜交易量达10 000多万千克，交易额达2.7亿元以上。

济南乡村绿洲园林绿化有限公司，始建于2007年，注册资金1 080万元，累计完成投资3 358万元。公司本着"以人为本，科技兴农"的宗旨，极力打造一处集名贵花卉、绿化观赏苗木、水产养殖和观光旅游于一体的现代化农业生态园，先后被济南市命名为农业产业化龙头企业、十大观光休闲农业示范基地和现代农业特色品牌基地、济南市休闲渔业示范点。

2014年，通过实施"渤海粮仓"商河科技示范工程项目，共建成9个示范区，完成小麦、玉米等粮食种植面积共计4万亩，在商河辐射带动面积达到60万亩，粮食生产较项目实施前增长了3万吨。

（四）信息化电商平台建设

依托园区特色农产品加工企业，大力推进特色农产品网上营销，建设网上电子商务平台，园区内企业主动对接赶街网、阿里巴巴、1号店、亚马逊等电商平台，开设特色农产品的网络店铺，拓展园区特色农产品销售渠道。积极推动深入农业科技特派员制度，建立为蒜农服务的国内外市场需求信息库、实用技术动态及发展方向信息库和人才信息库，逐步形成遍布大蒜产区的信息网络，扩大大蒜销售覆盖面。商河联荷电子商务产业园被认定为"济南市电子商务园区"，入驻企业达到78家，例如赶街网"电子商务进万村工程"正在园区有序实施。以"互联网＋"为代表的信息技术与传统产业逐步融合，创造出新的发展动力和增长点。

第二节　园区建设的总体思路与总体目标

一、总体思路

深入贯彻创新、协调、绿色、开放、共享的发展理念，以智能化、标准化、生态化为原则，结合园区所在地的自然禀赋和产业现状，按照农业循环经济的原则，围绕资源循环利用，政府引导、市场运作，坚持"用工业化生产方式发展农业，用现代企业管理模式经营农业，用科技服务融合提升农业，用生态循环机制保障农业"发展战略，以地热温泉梯次利用为核心，以太阳能、生物质能综合利用为补充，探索"地热温泉梯次利用—生物质能、太阳能多能互补—农业废弃物循环利用"的产业融合新模式，构建以地热温泉设施农业、农产品加工物流业、都市温泉休闲农业为主的一二三产业融合的产业体系。

1. 科技引领，示范辐射　按照"清洁能源＋农业"，多能互补、循环利用、智能化、标准化、生态化农业的发展思路，集聚高端技术、人才、设施与装备，突出示范、辐射功能。坚持以科技进步为主线，以高新技术为支撑，提升园区核心区的综合实力，推动核心区科技成果与区域产业链需求的有效对接，以点带面，将核心区技术模式辐射推广到示范区和辐射区，带动商河县及周边地区农业结构调整和转型升级，实现产业互动支撑，达到整体效益的最大化。

2. **集聚要素，产业联动**　面向国际国内两种资源、两个市场，深化产业链招商机制，搭建好招商平台，集聚内外部科技、人才、市场、资金等优势资源，促进外部优势资源内部化，内外部优势效应共享化，培育提升壮大第二、第三产业集群，加速一二三产业融合，推进农业转型升级。

3. **优势彰显，特色鲜明**　按照"高产、优质、高效、生态、安全"的现代农业总体要求，彰显商河温泉地热资源优势，顺应发展趋势的现代农业发展模式，不断拓展现代农业外延，丰富现代农业内涵，全力推动各项工作落实，力争园区建设工作走在全省、全国前列。

4. **高地带动，整体隆起**　充分发挥园区的辐射带动作用，通过园区核心区、示范区的建设发展，形成技术领先、模式先进、富有生机、连绵起伏的现代农业高地，进而带动区域农业现代化与信息化、工业化、城镇化、绿色化同步发展。

5. **农民增收，农业增效**　坚持实行产业化经营，政府搭台，以企业、合作组织和农民为主体，以市场为导向，采用订单农业、技术服务、模式服务、资源循环利用等形式联手参与市场竞争，加快农业一体化发展进程，提升园区有机品牌附加值，带动园区农民增收、农业增效。

二、总体目标

通过综合规划、统一指导、区域布局、分步实施的方式，按照"高新技术支撑、一二三产融合、四化同步发展"的总体要求，用三年的时间（2016—2018年），将园区建设成为中国以清洁能源为纽带的循环农业样板区、山东智能设施农业的典范区和济南都市圈温泉休闲产业发展的聚集区。

1. **科技创新目标**　核心区、示范区在设施农业上研发、示范和推广地热能、太阳能、生物质能利用技术，设施智能技术，生物技术等20～30项，培育具有自主知识产权的花卉新品种5～10个。

核心区农业科技贡献率达到70%、示范区达到65%以上。

核心区、示范区服务体系覆盖率和良种覆盖率均达100%。

核心区培训农业科技特派员和高素质农民20万人次。

2. **产业创新目标**　充分发挥农业产业化龙头企业的示范带动作用，培育中小企业，引导龙头企业向优势产区集中，增强区域整体优势，发挥集群集聚效应，提高产业整体素质和效益。核心区、示范区产业发展具体目标是：

（1）新增蔬菜标准化种植基地10万亩，实现年销售收入突破8亿元。

（2）新增花卉、苗木基地10万亩，年销售收入突破15亿元。

（3）新增粮食种植、深加工科技型企业10家以上。

（4）新增温泉休闲农业企业30家以上，年营业收入突破9亿元。

（5）新增清洁能源生产利用企业10家以上。

（6）园区经济以每年15%的幅度递增，到2018年实现销售收入120亿元以上，利税10亿元以上。

3.区域带动目标 发挥园区经济带动就业的主渠道作用，创造更多的技术型和劳动密集型就业岗位，扩大就业容量。引导县区、园区实行征地与就业同步推进机制，实现被征地农民就地就近进园入企就业。发挥好农业科技信息平台和农业科技特派员的服务、引领作用，开展针对性强、务实有效、通俗易懂的农业科技培训，并大力开展园区农村劳动力转移培训阳光工程，加快农村劳动力转移，推进园区和新农村同步建设，促进农业增效、农民增收和农村全面进步。

核心区、示范区具体目标是：

（1）加快城乡一体化进程，城镇化率达到63%以上。

（2）通过引进、孵化，到2018年核心区内企业达到30家以上。

（3）直接为社会提供近10万个就业岗位，示范带动周边地区农民80万人以上，辐射带动农民1 000万人以上。

（4）实现核心区农民人均可支配收入从1.2万增加到3万元，提前两年翻一番。

第三节　园区的布局与功能规划

一、核心区

核心区位于国道340线以南，钱铺路以北，东外环以西，西外环以东，面积约1.26万亩；布局为"两心一园五区"；主要功能包括地热温泉梯次利用、其他能源综合利用技术研发、低碳循环农业模式探讨、农业科技创业孵化、主导产业新品种新技术引进试验等，是园区的技术、模式辐射源。核心区功能分区图如图8-1所示。

"两心"指农业科技综合服务中心和电子商务孵化服务中心。农业科技综合服务中心实现农业科技研发、培训、孵化、推广，农业信息服务，新品种引进培育，清洁能源高效利用技术、设施农业物联网技术试验示范等功能。电子商务孵化服务中心开展以企业电子商务业务体系建设、电子商务战略规划、咨询设计、投资建设、服务运营为中心的一体化运营模式，为电子商务企业提供舒适、生态、专业化的高品质办公运营空间。

"一园"指温泉农业创新园，以地热温泉梯次利用为核心，进行温泉设施花木、温泉设施种苗、温泉设施蔬菜、温泉设施水果、温泉设施水产等五种设施农业的适用生产，设施农业信息化，温泉循环利用等技术的创新试验和示范。

"五区"指农产品展示销售区、温泉农业观光休闲区、物流服务区、农产品加工区和温泉休闲与美丽乡村建设区。农产品展示销售区主要进行特色花木、优质蔬果、水产品、加工农产品等园区及周边地区主导农产品的展示销售。温泉农业观光休闲区主要打造集试验示范、生产经营、科普旅游、观光体验为一体的高效农业观光休闲区。物流服务区主要为园区及周边商品提供集散、运输、配送、仓储、信息处理等物流服务，建设冷链仓储和物流系统，为高端蔬菜等新鲜农产品提供冷链仓储和物流配送服务。农产品加工区主要对果蔬产品进行分拣和鲜切加工，对部分果蔬产品进行罐藏品、糖制品、干制品、速冻产品、果蔬汁等加工，另外还引进了精品花、永生花、干花等花卉加工等业态。美丽乡村建设区按照产城融合、园城融合的发展思路，利用丰富的地热资源，建设集温泉休闲养生、健康养老、旅游度假、生态人居等于一体的美丽乡村典范。

图8-1　山东济南国家农业科技园区核心区功能分区图

二、示范区

示范区包括整个商河县区域，是园区的农产品生产基地和农业科技成果的示范推广基地。示范区吸取核心区的新技术、新品种，在核心区技术、品种、人才、资金、培训等要素的带动下，通过重点项目的引入及"公司＋农户"的运作形式，进行适宜本地农产品的标准化生产和示范，孵化新的产业和龙头企业，是核心区农业新技术、新品种和管理机制创新应用的样板区。重点发展"三片四点一轴一圈"。"三片"：温泉设施花木生产示范片、温泉设施蔬菜种植示范片、优质粮食生产示范片。"四点"：光伏农业示范点、温泉花木水产示范点、生物质发电示范点和沼气工程示范点。"一轴"：沿"四点"和核心区形成清洁能源循环农业示范轴。"一圈"：围绕核心区形成都市休闲农业示范圈。示范区带动农民30万人，整体示范核心区研发试验的清洁能源循环农业的技术和模式。

三、辐射区

辐射区直接辐射带动省会城市群经济圈，间接辐射整个黄淮海区域，将园区研发或引进的新品种、新技术、新模式、新装备在辐射区综合应用，特别是将先进成熟的清洁能源生态循环农业技术和模式结合清洁能源休闲农业辐射到更大的区域，提高整个区域农业的资源利用效率，减少环境污染，促进农业可持续发展。

第四节　园区建设任务

一、基础设施类

（一）济南花木大世界建设项目

济南花木大世界建设项目占地面积为500余亩，主要建设13万平方米地热智能温室，共划分为花卉生产区、花木交易区、休闲旅游区和农耕文化区四大板块，是山东济南国家农业科技园区重点建设项目。项目全部建成运营后将成为济南市探索"互联网＋农业""农业＋旅游"发展模式的试验田和先行区，成为山东省以温泉农业为核心，以花木产业为主导，集科技研发、花木交易、花卉旅游、园艺电商、农业休闲为一体的"三产"融合发展的新平台。

（二）温泉休闲农业观光园

温泉休闲农业观光园分为入口综合服务区、农业主题娱乐区、温泉游乐度假区、设施农业体验区、高端创意农业区、农业产品交易区、养生养老居住区、公共配套服务区、全季花卉观光区等九个功能区。其中一期工程规划用地约1 500亩，建筑面积约125 000平方米，主要建设入口服务中心、花卉苗木展销中心、生态农业科技展示中心、休闲采摘区、农产品加工展示区等，同时进行配套道路、景观绿化、水井沟渠、生态停车场等设施建设。

（三）玉苑社区温泉回灌示范工程项目

玉苑社区温泉回灌示范工程项目占地面积为83亩，总建筑面积为90 000平方米，地热供暖面积为80 000平方米。主要建设回灌井，安装相关设备进行地热尾水回灌，避免环境污染。通过项目实施总结回灌工作经验，建立、完善回灌管理制度，为地热回灌工程提供设备安装、回灌井施工工艺、回灌管理等方面的示范。

（四）大沙河光伏农业科技项目

大沙河光伏农业科技项目内容：建设1 100亩中药材种植基地、2 000亩高标准农业观光园和80兆瓦光伏发电机组；围绕休闲农业旅游产业建设，充分挖掘人文、水文等资源，以生态修复和水源保护为主，加强水源生态建设，大力发展生态旅游、新能源等友好型产业。

（五）商河县商南新型农村社区

商河县商南新型农村社区一期工程计划投资1.5亿元，总建筑面积达89 257.27平方米，占地83亩，共安置后十亩、东八里2个村共500户、1 476人。社区建成后将有效推动温泉国际、城区产业园、农业科技园区建设，解决园区建设用地问题，促进土地集约节约利用，形成园区、景区、社区三区互动。

二、科技创新类

（一）农业科技综合服务中心建设项目

农业科技综合服务中心建设项目总占地面积为570亩。规划建设综合科技孵化大楼，建筑面积为6 000平方米。建设集农业科技研发、创业孵化器、农产品质量检测中心、农业科技培训中心、高新农业技术成果转化基地、博士后工作站等于一体的农业科技综合服务中心。引进高校科研院所和企业总部，进行清洁能源高效利用技术、农业资源循环利用技术、生物技术、农产品加工技术、新品种引进繁育技术等农业科技研发。

1.商河地热研发中心　依托山东大学等高等院校，建立商河地热研发中心，主要从事地热资源开发利用、节能技术服务及地热资源的产业化开发与研究，提供科技成果研发、中试、转化、试验示范、展示和推广。

2.温泉农业利用科学研究与产业技术创新联盟　依托中国农业科学院、

中国农业大学、山东省农业科学院、济南市农业科学院等高校院所，开展温泉农业技术创新、设备研发、人才培训、技术推广，打造全国一流的温泉农业科学技术研发平台。依托商河及周边区域的园区、企业，建立温泉农业产业技术创新联盟，全力加快政府、企业、高校院所、中介、金融"五位一体"的合作，解决温泉科技、地热资源利用、温泉设施农业等共性、关键性瓶颈问题，为园区温泉农业持续健康发展提供技术支撑。

3. 农业综合实验室及检测分析中心 整合现有检测机构优势资源，配套智能化、自动化大型仪器设备，培育一支专业实验分析人才队伍，建成覆盖多行业、多专业的公共实验平台——农业综合实验室和具有省级以上资质的检测分析中心。

（二）设施农业物联网技术装备提升项目

在核心区智能温室内集成高清视频语音系统，温度、湿度、二氧化碳等温室环境信息监测传感器，植物光合/呼吸/蒸腾测量系统，无线插针式茎流传感器等物联网监测系统，配套精准施肥喷药、节水灌溉等设施农业现代技术装备，结合农业决策支持系统，提升智能温室现代化、信息化水平。

（三）清洁能源循环利用示范项目

在核心区重点示范温泉地热资源高效循环利用技术和模式。清洁能源循环利用示范项目内容包括温泉育苗，温泉设施种植，温泉养殖，地热烘干，地热脱水，地热制冷，温泉水产品、农副产品加工等方面的技术和梯级利用模式，以及地热资源利用与信息化技术相结合的地热资源高效利用自动控制系统的试验示范。在示范区内重点示范光伏、生物质、沼气等清洁能源高效利用技术与模式。同时核心区与示范区相结合，示范农业资源循环利用的生态循环农业模式，例如将作物秸秆等农业废弃物回收进行生物质发电，沼渣和沼液作为生物肥料和生物农药替代化肥和化学农药等。

（四）乡村绿洲花卉科技示范项目

乡村绿洲花卉科技示范项目建有1.5万平方米温泉智能温室，用于种植名贵花卉，现已被评为AA级温泉旅游观光景点；并建有温泉农业培训学校。在此基础上通过深入挖掘温泉农业种植，引进名优花卉品种进行培育，利用农民培训等形式进行清洁能源设施花卉现代化生产技术示范推广。

（五）韩庙镇植保、生物肥料工业园项目

韩庙镇植保、生物肥料工业园项目总投资为5亿元，建设1 000亩植保、生物肥料工业园，依托北京森康生物技术开发有限公司、山东新合作生物肥业科技有限公司等科技型企业，引进高科技农业配套企业5家以上，为优质粮食生产示范片区提供优质、高效、环保的农资产品，确保示范区粮食产业从土壤到餐桌全过程生态、优质、安全。

三、产业带动类

（一）珠穆朗玛食品深加工项目

珠穆朗玛食品深加工项目占地400亩，总建筑面积为27万平方米。2016年引进了PET（聚对苯二甲酸类塑料）瓶装饮料生产线、三片罐饮料生产线及利乐包装生产线各1条。充分发挥园区粮食原料生产优势，创新生产营养保健、功能多元系列高档食品，延长产业链。可年产PET瓶装饮料16万吨，TP（纸盒装）利乐纸包12万吨，三片罐装饮料10万吨，蛋黄派、饼干、瑞士卷、薯片、法式小面包等食品10万吨。

（二）济南地热温泉育苗中心

济南地热温泉育苗中心占地面积为6万平方米。主要利用地热温泉建设冬暖式高档大棚20栋、日光式大棚21栋、工厂化育苗设施3.1万平方米。建成后可年繁育蔬菜种苗1亿株以上，成为黄河以北最大的温泉育苗中心。

（三）济南玉泉生物质发电项目

济南玉泉生物质发电项目是以农作物秸秆和林业废弃物为燃料进行发电的新能源项目。项目建设内容：一台130吨/时高温高压联合炉排直燃锅炉，并配一台30兆瓦汽轮发电机组。每年可为国家电网提供清洁绿色电力1.65亿千瓦时，年可实现销售收入1.5亿元，利税3 000万元。济南玉泉生物质发电项目建成后可年燃用秸秆14.2万吨，实现年节约标准煤7.32万吨，能源替代和节约作用十分显著；还可减少二氧化硫排放227.04吨，减少氮氧化物排放253.55吨。

图书在版编目（CIP）数据

农业科技园区规划理论与实例/淮贺举，张骞主编
. —北京：中国农业出版社，2020.8
ISBN 978-7-109-26756-5

Ⅰ.①农… Ⅱ.①淮…②张… Ⅲ.①农业园区–高技术园区–规划–中国 Ⅳ.①F324.3

中国版本图书馆CIP数据核字（2020）第055472号

中国农业出版社出版

地址：北京市朝阳区麦子店街18号楼
邮编：100125
责任编辑：郭银巧　　文字编辑：赵星华
版式设计：王　晨　　责任校对：吴丽婷　　责任印制：王　宏
印刷：中农印务有限公司
版次：2020年8月第1版
印次：2020年8月北京第1次印刷
发行：新华书店北京发行所
开本：700mm×1000mm　1/16
印张：7.75
字数：150千字
定价：80.00元
